夕陽をあびる沢田マンション全景

裸電球が輝く夜景

クレーン頂部から見下ろした屋上

5月の屋上水田

6階にかかる朱塗りの「はりまや橋」

5階の屋上庭園

屋上のクレーン、給水タンク、菜園を見つめる裕江さん

屋上菜園と嘉農さんが残した柱

沢田マンション南西全景

東側屋上にある池に鯉が泳ぐ。自家製の炭で水を濾過する

5階の屋上庭園を西から見る。右手前は鶏小屋。青空と朱塗りの欄干の対比が鮮やか

作物乾燥用のビニールハウスを転用した5階サンルーム

ちくま文庫

驚嘆! セルフビルド建築

沢田マンションの冒険

加賀谷哲朗

筑摩書房

南東の敷地入り口から見る

リフトの垂直と各階床の水平線が好対照をなしている

1989年ころからスロープの増築がはじまった

スロープ裏を見上げる

リフトを見下ろす。手づくりベンチに腰掛けて昇降する

建物が階ごとにずれていたり、階段が途中で折り曲げられていたりする

北側の共用通路。上の階の床が鉄筋のメッシュなので、下が透けて見える

後からとってつけた南側スロープ

北側スロープは、南のスロープ以上に場当たり的。イレギュラーに立ち並ぶ柱は高さもまちまち

手前の花壇からこぼれるようにして生えているのは沢田マンション名物のアロエ

孫のためにプールをつくる
予定だったが、釣り堀に変身

上／２階の北側通路
右／５階の沢田家住居へとあがる階段

簡易な屋根で覆われた5階資材置場

上／リフトを見上げる
左／リフトでの荷揚げを待つ材木

上／共用のコインランドリーも完備！
中／通路の花壇で大根栽培
下／「沢田マンション号」で全国を旅したことも

上／2階共用通路にはパブリックアートと駐車場
中／中央は5階の脱穀機から6階の畑に籾殻を播く自作の機械
下／入り口脇の良心市。沢田家の山で採れた柿や炭、カブトムシなどが売られている

共用通路で開催された、入居者とゲストの入り交じった宴会

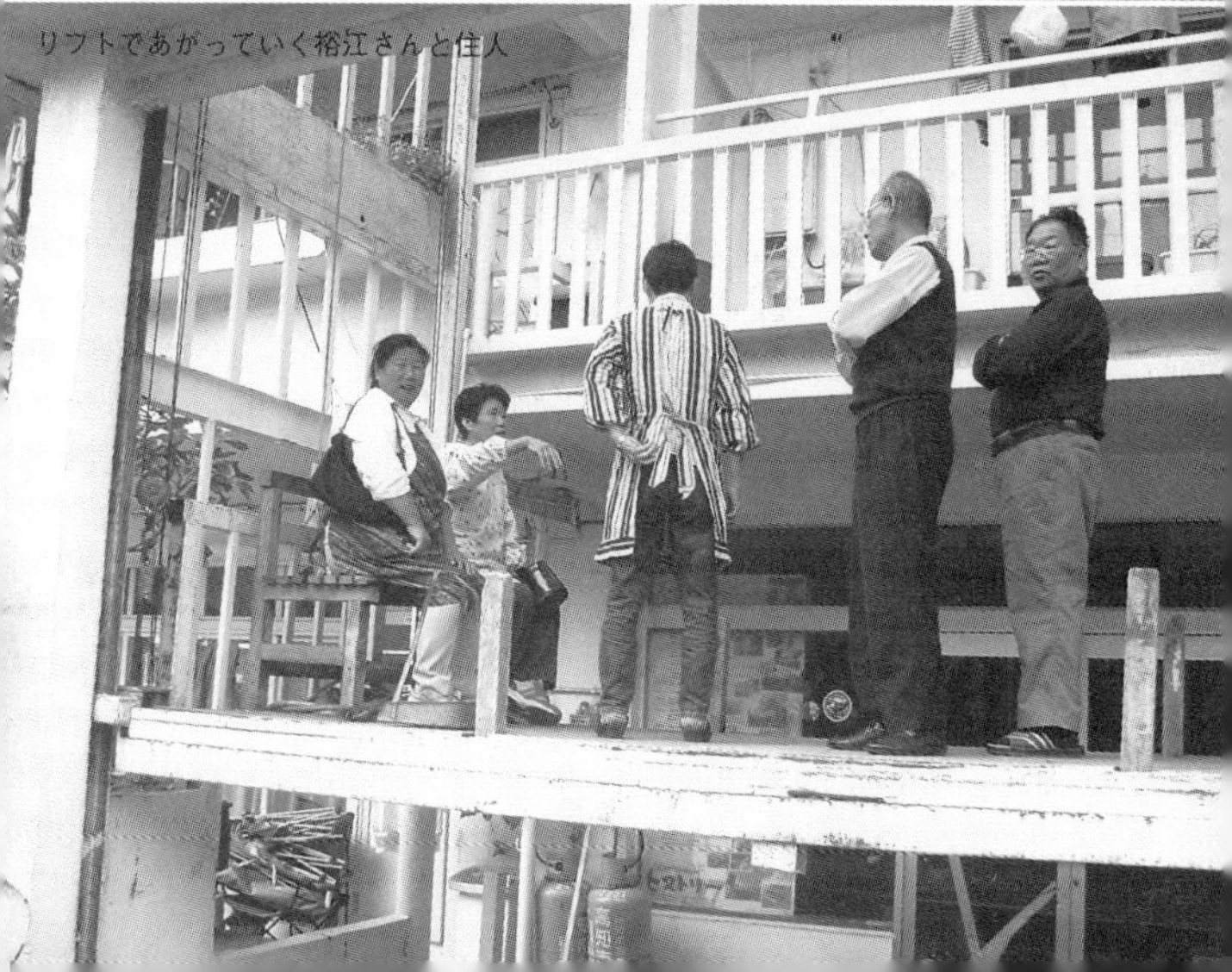

リフトであがっていく裕江さんと住人

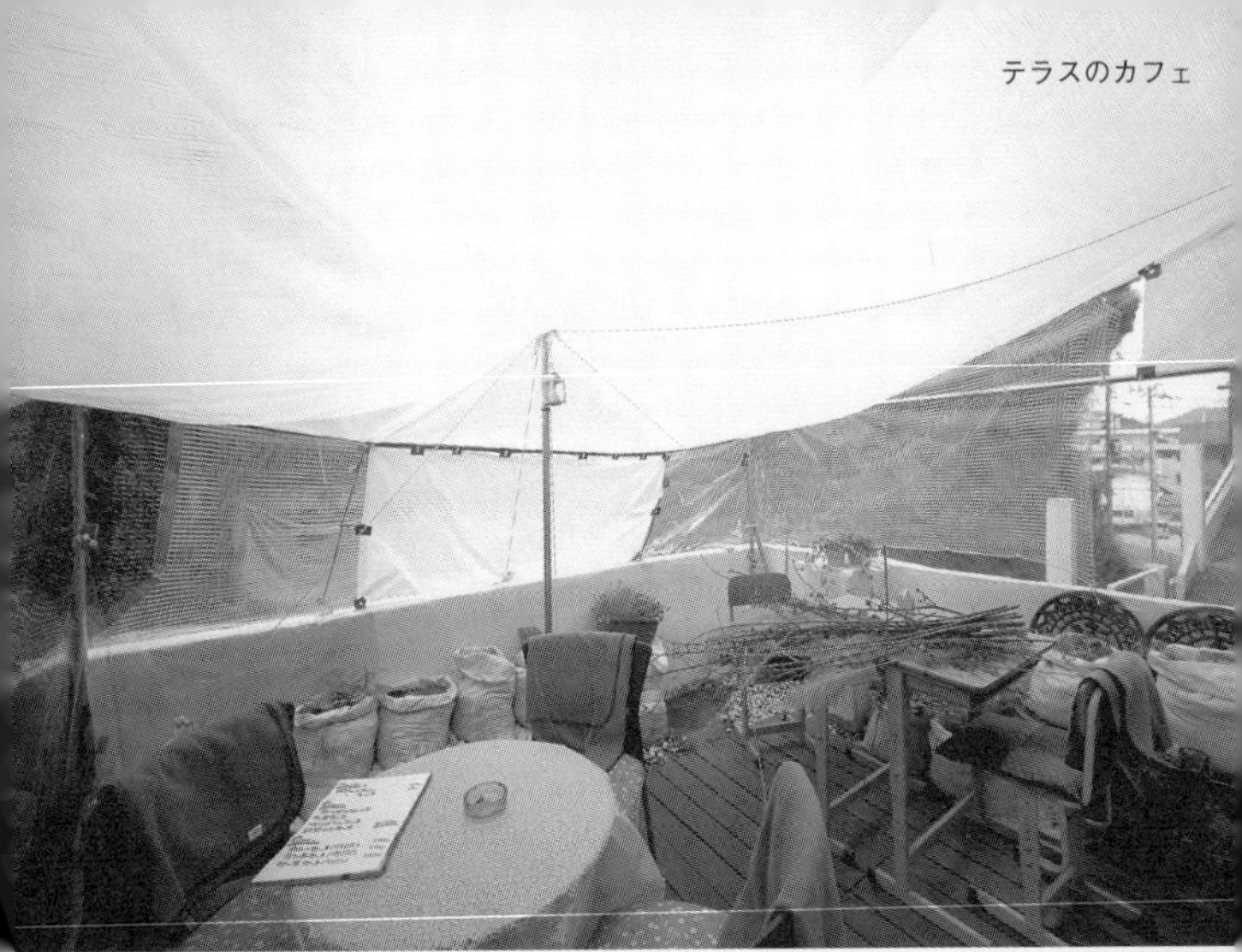

テラスのカフェ

屋上でビールを飲みながら高知市の花火大会を望む

クレーンを背に誇らしげな嘉農さん

クレーンで遊ぶ裕江さんと孫

笑顔の嘉農さんが操るのは手づくり自動餅つき機?!

家族揃っての破壊と創造

発動機を手入れする裕江さん

6階の「はりまや橋」製作風景

お揃いの遍路装束でリフトに座る沢田夫妻

文庫版まえがき

あなたにとって、住まいとはどのようにして手に入れるものでしょうか。マンションやアパートの部屋を借りる。ハウスメーカーで建てる。分譲マンションを買う。中古マンションをリフォームする。元気がある人なら自分や仲間と建ててしまう？　まさに十人十色、いろいろな選択肢があることでしょう。

これから本書で取り上げるのは自分たちの一生の住まいを、巨大な賃貸マンションとして自らの手で作ってしまった夫婦と、そのマンションのお話です。

初めてそのマンションの話を聞いたのは十数年前、わたしが大学院に入ったばかりのころでした。どうやら屋上に田んぼがあって、そこまで車で上れるマンションが高知にあるらしい。当時、大学院で建築計画や世界の集落をリサーチするゼミに在籍していたわたしが面白半分で現地を見に行ったのは2001年8月のことでした。芝浦工業大学の学生チームと、一緒に概略を実測して、自力でマンションを建てたという夫婦にも話を聞いてみようと現地にのりこんだのです。

直前まで中国雲南省にある少数民族集落の調査を手伝っていた私は、帰国するとすぐ電車に乗って四国へ向かい、蒸し暑くてどよんとした夜のなかを高知駅から件の建物、沢田マンションへと歩いていきました。

そこでわたしが目にしたものは、なんとも日本の常識を外れた変なマンションと、とってもパワフルな夫婦でした！　どう常識を外れていて、いかにパワフルかの詳細は本文に譲るとして、わたしはその後も11月、翌2〜5月、8月と1年かけて高知に通い、沢田マンションを実測し、つくった夫婦や住人に話を訊き、それを修士論文としてまとめて学校を修了してしまいました。本書はそのときの調査をベースに２００６年11月、２０１４年４、11月の取材を加えて、建築の専門家ではない方にも沢田マンションの興味深い実態をお伝えできるよう書いたものです。

本書には沢田マンション（通称沢マン）を語る上でのさまざまなキイワードが出てきます。５階まで車で行けるスロープ、塔のような自作のエレベーター。どの階にいても「地上にいるのと同じ感覚」で生活できるように自然と一体化した屋上庭園には池やシーソーも完備！　さらに屋上緑化、畑断熱、有機物の循環なども、独自の発想と合理性で成し遂げてしまっています。

沢マンをはじめて目にした方からは「元気が出る！」という言葉をよく耳にします。それは法律や経済原理、これまでの常識では実現されなかった空間が現存しているのを目の当たりにし、すべての部屋の間取りが違うなど画一的であることを拒む自由な発想にカタルシスを感じるからではないでしょうか。しかもそれを自力で成し遂げた沢田夫妻の意志の強さに力づけられるのです。

沢田夫妻のつくりあげてきたこのマンションは「人間ここまでできるのだ」という驚きとエネルギーを発しています。そのエネルギーが具体的にどんなモノとしてあらわれたのかを、細部までじっくり見てください。沢田マンションという世界的にも特異な建築物の全貌を明らかにすることは、これからの集合住宅や建築のあり方を考える材料にもなると思います。

それでは、沢田マンションの驚嘆の世界をご覧ください！

目次

04

沢田マンション図面集成　264

驚嘆！　セルフビルド建築

沢田マンションの冒険

01 沢田マンションという建築物

沢田マンションのココがすごい！

いまや高知の新名所となり、住民だけでなく多くの人から愛される沢田マンション。その破天荒な特徴の数々を紹介し、沢マンの存在意義と魅力を探ります。

高知に建つ、世界最強の手づくり建築

沢田マンションは高知県高知市薊野《あぞうの》北町に建つ、地下1階、地上6階建て、約60戸の賃貸マンションです。

幅70mほどある大きな建物で、自動車も登れるスロープがウネウネと取りつき、3階で建物を貫通して裏側に回りこみ5階まで繋がっていきます。その途中、4階の屋上には魚の泳ぐ大きな池があり、5階に着くと、なんとマンション内工場である製材所があります。端材《はざい》を燃やす窯《かま》のうしろには青々と樹木が茂り、小さな階段をあがっ

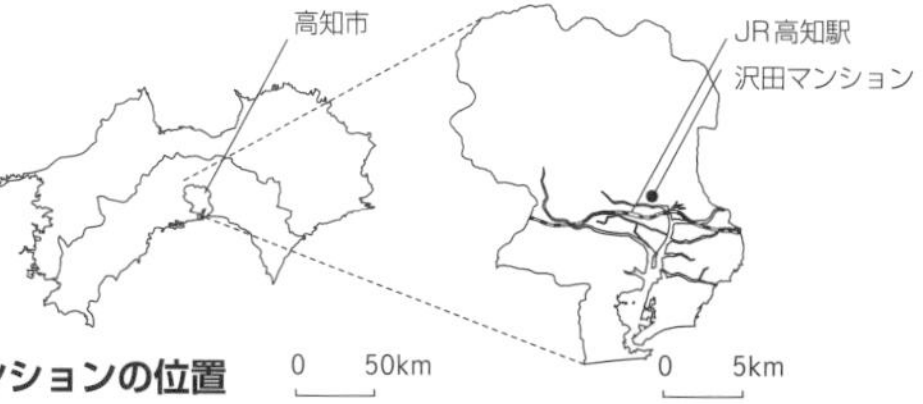

沢田マンションの位置

JR土讃《どさん》線の高知駅からタクシーで「沢田マンション」といえば、ほぼ間違いなく到着できる。徒歩で行くなら薊野《あぞうの》駅が便利。駅前の高知市教育委員会による案内板にも載っています！

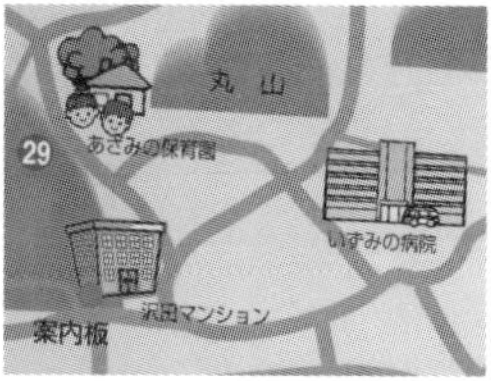

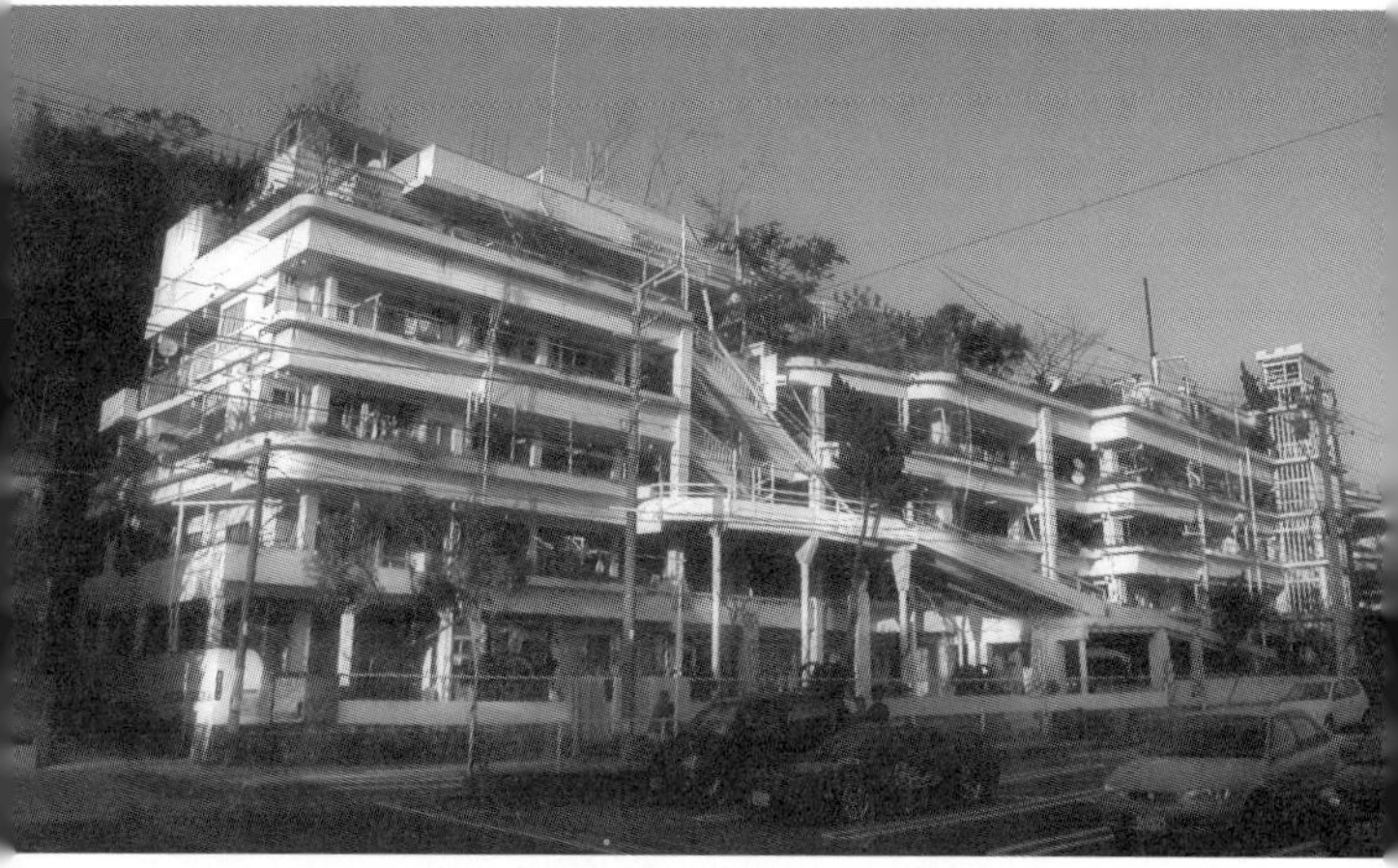

南西から見た沢田マンション全景。柔らかく流れる水平ラインが目をひく

建物を貫通し、北側に回りこむスロープ

5階へと登るスロープはY字の右側

屋上にあるクレーンはなんと手づくり！　バランスをとるためのドラム缶や武骨な歯車が素敵。何度か折れたこともある

て屋上に出れば水色に塗られた手づくりのクレーンがそびえ、ソーラー温水パネルが並び、その隣には鶏小屋とともに田畑と果樹園がのどかに広がっています。

自由な創意工夫で、人が住む

建物南側の廊下には、再利用のためにサイズや規格のばらばらなサッシや木製扉が並び、建具にはまっているガラスも透明ガラスからすりガラス、型板《かたいた》ガラスから黄色いアクリルまで雑多そのもの！　画一化されたマンションにはない生き生きとした部屋が並び、同じ間取りの住戸はひとつとしてないのです。

ほとんどの住戸は南北を通路に挟まれていて専用ベランダはありません。通路にはたくさんのものが溢れ出しています。洗濯機や洗濯物、棚、自転車、バイク、自動車も！　コインランドリーコーナーまで完備で、雑然として賑やかな生活感に満ち満ちています。

5階や屋上の樹木だけでなく、各階の手摺りの壁にも花壇が設置され緑化されています。花を植えるだけでなく菜園としても使われ、誰も手入れをしないところでは生命力の強い雑草やアロエが茂ります。

[上] 開放的な住戸

[中] 2階に駐輪
[右] コインランドリーが見える

これが沢マンスロープだ！（2001年版）

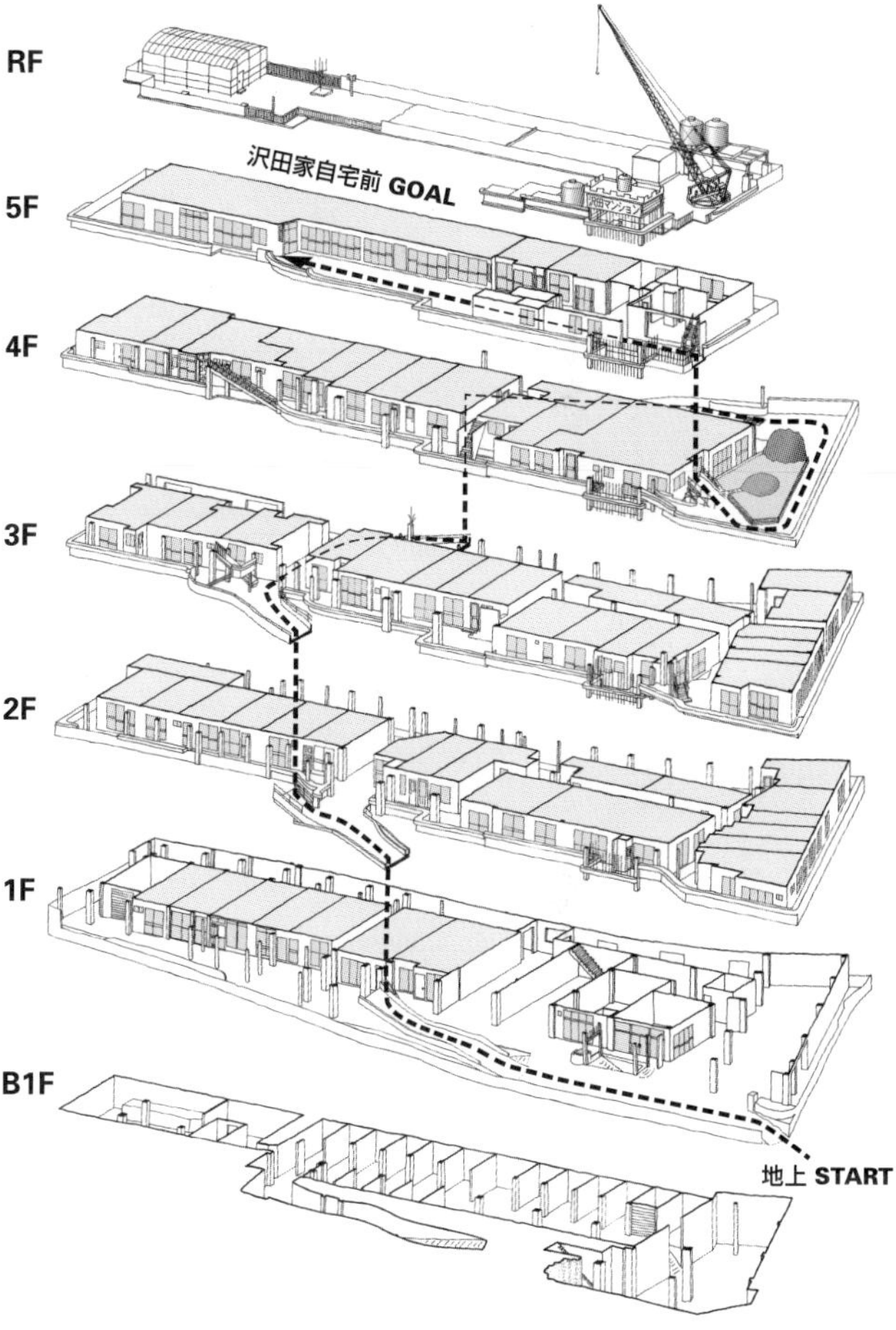

点線に沿って進むと、スロープだけで５階の沢田家自宅玄関まで到着できる

内部の構成は複雑で、折り重なる階段やスロープが立体的に空間を繋いでいきます。はじめて訪れた人は目的の部屋まで行くのにひと苦労。ふつう、建物を設計するときは階段の位置を早い段階で決めます。しかし、沢田マンションでは階段の位置さえ、つくった後の都合によって移設することがありました。

沢田マンションで「リフト」とよばれている壁のないエレベーターが屋上まで伸び、てっぺんには「沢田マンション」と書かれた看板が高々と掲げられています。

建物だけではなく、マンションで営まれる生活も個性的です。1階に停めてある大型お座敷バス「沢田マンション号」で、かつては住人旅行がおこなわれたこともありました。また、いまはないのですが、5階に居住者共用の浴場があったこともあります。

敷地内にはたくさんの発動機コレクションが並んでいて、休日などは入り口脇にあるヤンマー製の発動機が軽快な音をたてて稼動しています。

これだけでも、すでに訳がわかりませんね。しかも変わった建物であるだけでなく、これを夫婦二人で建てたというのです！　にわかには信じられない話ですが、本当なんです。故・沢田嘉農《かのう》さんと裕江《ひろえ》さん夫妻が1971年から建設をはじめたこの手づくりマンションは、子どもたちも動員した度重なる増築や改装を経て現在にいたって

［右］リフト全景
［下］リフトでおりてくる裕江さん。普段は資材の運搬に活躍するが、お気に入りの椅子を持ちこめば優雅な乗り物に変身

大型お座敷バス「沢田マンション号」。エンジンはパワーアップしてある

かつて屋上にあった
天窓付きの共同浴場

います。

このとんでもない挑戦をはじめたきっかけは後ほど説明しますが、嘉農さんが尋常小学校5年生のときに決心した想いを何十年もかけて実現してきた、夢と根性のつまった手づくりマンションなのです！

だけど、残念ながら違法建築

とても個性的な沢田マンションですが、残念なことに違法建築です。確実にいえるのは、建築基準法によって工事開始前に高知市へ提出して確認を受けることが義務づけられている「建築確認申請」を提出していないということ。また、プロの建築家が見れば、少なくとも現行の法規では違法だとわかる箇所がいくつかあります。

建築基準法は《建築物の敷地、構造、設備及び用途に関する最低の基準を定めて、国民の生命、健康及び財産の保護を図》るための法律であり、けっしてないがしろにできないものです。私も違法建築を推奨したり、そのこと自体をおもしろがっているわけではありません。

ただ、それでもなおこの建物には存在価値があります。法律や経済原理の下では実

マンション内の階段。行き当たりばったりにつくった様子がうかがえる。手摺りの造形もまちまち。右下は沢マンのはりまや橋！

現しなかったであろう興味深い構造や生活空間があります。私たちがそのような試みを実際におこなうわけにはいかないからこそ、その実態を明らかにして記録することには意味があります。

夫妻の生き様、空間、そして生活

なぜ沢田マンションが多くの人たちから注目を集めるのでしょうか。その理由は、おもに次の3点に集約できます。

①沢田嘉農・裕江夫妻の一途で破天荒な生き様
②その集大成としてつくられた個性的な建物とその空間
③沢田マンションに入居する人たちの住まい方や活動

です。

古庄弘枝『沢田マンション物語』カバー。沢田夫妻と家族の歴史を300ページ近くにわたって聞き書きした力作

そのうち①の、夫妻の生き様に関しては『沢田マンション物語』（古庄弘枝、情報センター出版局、2002）という本が出版されています。沢田夫妻への聞き書きで、

とても丁寧に二人の半生と考え方を明らかにしてくれる一冊です。

本書では①〜③全体に目を配りながらも、②の建物と空間をメインで取り上げます。建物・空間を切り口にして沢田マンションを知り、味わえるように心がけました。③の入居者の住まい方という点でも、近年はおもしろい関係や繋がりをベースにした活動が生まれています。若い住人による、お祭り「沢マンEXPO」の開催や、ブログによるインターネットでの情報発信など、ほかのマンションでは見られない個性的な活動が見られます。このような現在進行形の住まい方のおもしろさはインターネットでみなさんがじかに触れることができます。

沢田マンション住人ブログ
http://sawaman.blog44.fc2.com/

世界最強？　セルフビルドマンション

沢田マンションの建築的な存在意義のひとつとして、「セルフビルド」建築であることは外せません。

自力で建物を建てることをセルフビルド（Self-build）といいます。厳密な定義はないのですが、本書では「工事の直接の対価としてお金をもらわずに、建物の所有者・使用者やその仲間が自分（達）の建物を建てること」という意味で使っています。

幅広く見れば、職業としての大工が成立していない国や地域で集落の人間を動員して家や蔵をつくるようなケースも含まれるでしょう。そういった、建設にあたってほかの選択肢がないような社会状況での事例や、紛争・自然災害などに遭遇して自力で工事せざるを得なくなった状況なども多くの視点を与えてくれます。

しかしここではそのような事例は外して、どうしても自分でつくりたいから自力でつくっちゃった人々に焦点をあてて話を進めましょう。

沢田マンションは沢田夫妻が主要部分をつくり、増改築も沢田家の家族の手によっておこなわれてきました。多少のお手伝いをしてくれた人がいるかもしれませんが、雇って働かせたということはありません。入居者からの家賃は、工事の対価というより所有や運営に関わる対価と考えられるので、沢田マンションは真正のセルフビルド建築といえるでしょう。そして、セルフビルドの文脈でみてこそ世界にアピールできる建物なのです。

誰が見てもわかるすごさ。でかい！　二人でつくったとはにわかに信じがたい大きさです。あまりに多くの労力が費やされたであろう規模に目を奪われます。間違いなくこれだけで世界クラスです。

国産セルフビルド建築の例といえば、建築家の石山修武さんが「スーパーバラック」として取り上げた渥美半島の「伴野一六邸」や徳島のレンガ造喫茶店「大菩薩峠」などが個性的です。

洋モノでは、ニューヨーク州にクラレンス・シュミットがつくった35部屋以上もある迷宮のような家「シュミッツ・ハウス」（1967年に焼失）や、フランスで郵便配達夫フェルディナン・シュヴァル（1836―1924）のつくった「理想宮」、ロサンゼルスのサイモン・ロディア（1879―1965）が建てた「ワッツ・タワー」、空き瓶を積み重ねてつくられた「ボトル・ヴィレッジ」（43ページ）などが有名です。

芸術作品ではない、セルフビルド

「目的なき人生は幻想である」とシュヴァルは言いました。ロディアは“I'm gonna do something big.”（なにかでかいことをしてやる）という動機の言葉を残しています。自分の生きがいに人生を賭けたという点では嘉農さんに通じるものがありますが、シュヴァルやロディアがつくったのはモニュメントであり「作品」でした。もちろん中に人が住んだりはできません。無用といっては言葉がすぎますが、どちらの「作品」も、つくること、表現することに内向きの姿勢で没頭し、「芸術」や「宗教的情熱」「見世物」といった評価を付加されたことで、はじめて社会的に注目された存在でした。もちろん、だからこそ価値があるともいえます。

沢田マンションはどうでしょうか。沢田夫妻もまた「人間として生まれたからにはどこまでやれるか試したい」という、セルフビルドを生きがいとして人生を賭けた人たちでした。

人間の可能性の追求という根っこの部分ではシュヴァルやロディアだけでなく、同じ志を抱いた無名のセルフビルダーが数多くいたことでしょう。沢田夫妻がそのようなセルフビルダーと一線を画するのは、誰のためにつくるか、という点にあります。究極の目標は夢や自己の実現ですが、それと同時に多くの入居者の住まいでもあります。入居者を無視していては賃貸マンションの経営は成り立たず、沢田さんの夢は実現しないのです。ですからシュヴァルやロディアのように、内向きの姿勢でコツコツつくればいいという「ひきこもりセルフビルド」ではありませんでした。賃貸マンションを運営管理しながらセルフビルドを継続する。自分たちが住むためだけでなく、他人に借りて住んでもらうためにも努力するなんていうセルフビルドの例は、おそら

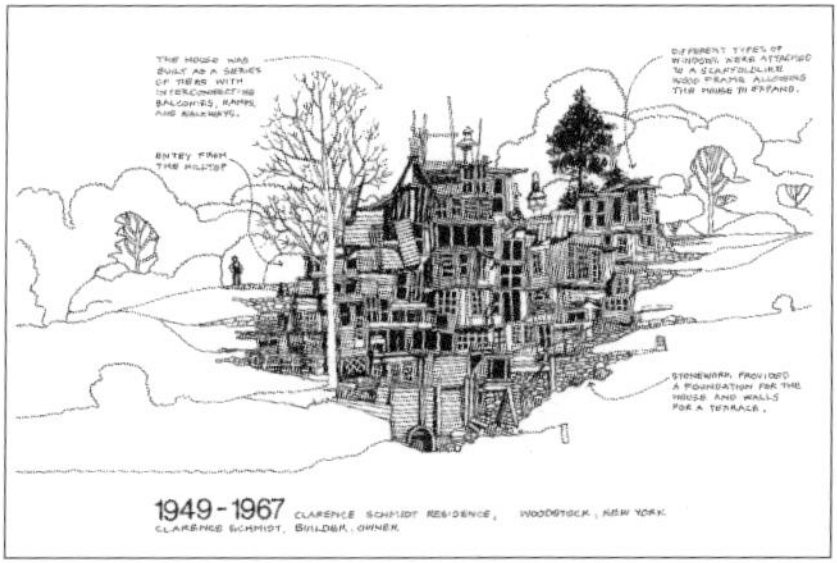

シュミッツ・ハウス。ニューヨーク州ウッドストックにあった。ワンルームのキャビンを核にして1949年から増築を続け、1967年に焼失。迷宮のように複雑な構成は7層におよんだ

理想宮。

フランス南東部ドローム県オートリーヴの郵便配達夫、シュヴァルが道端で拾い集めた石をセメントで積み固め、33年の月日をかけてつくった造形物。セルフビルドのもっとも有名な事例のひとつ

ワッツ・タワー。
サイモン・ロディアがロサンゼルスのワッツにつくったタワー。一番高いもので30mほどもあり、1921年から1954年まで33年あまりにわたってひとりで建設した。偶然だが、沢田嘉農さんが亡くなったのも沢田マンション着工後33年目のことだった

く世界でも類例がないでしょう。もし沢田マンションを超える真の最強セルフビルド建築をご存知の方がいらっしゃれば、ぜひご一報ください！

ところで、シュヴァルやロディアは内向的で繊細な人だったと資料には書かれています。もちろん会ったことはないですが、彼らのつくった作品の写真を見ると、確かにセンシティブな雰囲気が感じられます。この二人に限らず有名なセルフビルド建築には孤高の、あるいは厭世的な空気が漂っているものが多い気がします。

かたや沢田マンションといえば、どう見ても繊細というより豪快そのもの！　それもそのはず、嘉農さんはアグレッシブで破天荒なお父ちゃん、裕江さんは明るく面倒見のいいお母ちゃんです。しかも、ところどころいい加減だったりして。つくる人のキャラは、どうしたって建物に滲んでしまうものなんですね。そんな空気感も、人をひきつける秘訣かもしれません。

科学と呪術のハイブリッド

沢田マンションをつくった沢田嘉農さんは高知の山間部で生まれ、尋常小学校までしか出ていません。家づくりに必要な知恵はすべて、現場で自分の五感と第六感をもボトルヴィレッジ。

空き瓶とモルタルの組積造住宅。壁が光を透過、拡散する。これだけのビンを集めて積み重ねた偏執的執念、とても真似のできない突き抜け方が見る人の目をひきつける

[右] ガウディが設計した「カサ・ミラ」は波のような外形をもつ
[左] ガウディっぽい沢マンの造形。曲線の花壇にアロエが自然に溶けこむ

帝冠様式：西洋建築のルネッサンス様式や古典主義建築を模した鉄筋コンクリート建築の上に日本の入母屋や切妻屋根を載せた建物。軍国主義時代に好まれた。写真は東京の九段会館（旧・軍人会館）。

って学びました。製材業からはじめ、大工の下で修業することもなく我流で家を建てアパートをつくって、自分なりに腕を磨きました。また幼いころから真言密教の宗祖である弘法大師に慣れ親しみ、長じては家相や風水を重んじ、お遍路のような神道・陰陽道・修験道的世界観を終生持ち続け、生活のなかで実践した人です。

考え方はきわめて具体的。自分の頭で考えるということを大事にして、書物の知識には頼らず、図面もスケジュール表もなくモリモリと建物を建てていきました。いわゆる本職の大工さんも、大した図面なしに家を建てられますが、それは修業時代を通じて伝統に裏付けられた技術を身につけているからです。ですから、その技術の枠から外れた仕事には二の足を踏むこともあります。まして、もっと工業化された建設現場では事前に計画された設計図や規格の部品なしには仕事が進みっこありません。

40年あまり昔、西欧の文化人類学者レヴィ＝ストロースが、南米に暮らす未開部族の呪術やアニミズムにもとづく考え方と、近代科学革命以降の西欧的な考え方を対比して西欧文明を批判した『野生の思考』（クロード・レヴィ＝ストロース、みすず書房、1976）を書きました。その本に「ブリコラージュ」という言葉が出てきます。あり合わせの道具や材料を使って、ちょっとした形の違いや素材の特性を活かし、モノ本来の用途や目的とは無関係に手づくりした物、といった意味で、「器用仕事」と訳されます。

最初、沢田マンションに出会ったとき、これぞまさにブリコラージュ！　と思いました。しかし、沢田マンションや沢田夫妻により親しむうちに、もっと複雑な魅力があるような気がしてきたのです。密教のような、外からはうかがい知れない混沌とした精神世界と、沢田さんが好きで集めていた発動機に代表される理路整然とした工業機械のような魅力とが、沢田マンションには同居しているのです。

工業機械の魅力と沢マン

建築や工業機械のようにきれいに成型され、直角や水平線で構成された人工物は、混沌とした自然を支配して、自然に対する人間の優位性を主張する理性の象徴に見えます。一方で、人工物が風雪で朽ち果てつつある廃墟などで感じられるのは、長い時間のなかでの混沌や自然の絶対的な優位性でしょう。一般的に、建築や工業機械と混沌とは、対立し合う関係にあります。しかし、沢田マンションでは両者が競合することなく、手を取り合って一体化しているような感覚を抱いてしまうのです。

沢田マンションを説明するとき、スペインの建築家、アントニオ・ガウディ（18

52－1926）が引き合いに出されることがあります（43ページ参照）。ガウディは自然の植物や生物の形態の合理的な規則性や美しさを分析し、当時の先端的な数学も駆使して建築デザインに援用しました。カトリック教徒であったガウディにとって、自然は混沌などではなく、数学や物理学同様に創造主のつくった法則の発露と考えていたのでしょう。だから、建築に自然のルールを素直に取り入れることができたのです。

ガウディの宗教観と八百万《やおよろず》の神を信仰する沢田嘉農さんの考え方とは明らかに異なると思います。それでも両者がどこか似ているように感じられるのは、二人のつくる建築が自然との対立を志向せず、また自然におもねるでもなく、その一部であろうとしているように見えるからではないでしょうか。

錬金術みたいな魅力

沢田マンションにおける両義性は、伝統的な日本建築と西洋建築をハイブリッドさせた帝冠様式の建物（43ページ）などとは意味が違います。異なる様式が出会ったのではなくて、異なる世界観が融け合っているのです。

それは錬金術の、呪術と科学が渾然一体となった魅力に似ているかもしれません。金以外の物質から金を生み出そうと試み、まじめに不老不死の薬をつくり出そうとした、あの錬金術です。そこでは物質の科学的な追究と、宇宙を能動的に動かす生命原理を喚起する呪術とを等価に研究していました。リンゴが落ちるのを見て万有引力を着想したというニュートンも錬金術研究に没頭していたといいます。ニュートンのなかで、創造主のつくった自然界の法則を微分積分などで定義づける仕事と、宇宙の生命原理を追い求める錬金術をひもとくことに何ら矛盾はなかったのでしょう。

骨の髄まで染みこんだ密教的な考え方を日々実践しながら、工業機械で火花を散らして鉄骨を溶接しコンクリートを練ってきた嘉農さんのスタンスに通じる精神を感じてしまいます。

そして、このことは沢田マンションの魅力を語る上での大きなポイントなのです。

沢マン新聞　創刊号特別寄稿

沢田マンションへの愛

住人と元住人、そして沢マンを愛する有志が語る、沢田マンションの魅力

沢マン新聞

南海地震に備えて
各戸マンション初

沢マン防災会が発足

水防訓練にも参加、松尾市長に感銘与える

防災会　防災施設の整備進める

訓練も毎年実施

第一期役員の顔ぶれ

ムカデ退治法

お部屋探訪　56号室

嘉農さんの生み出した複雑な魅力を持つ建物と、そこでの生活を守るため「沢マン愛」を胸に「防災会」も結成された。写真は2003年7月7日付で防災会が発行した「沢マン新聞」

沢田嘉農関連地図。
四万十川は源流から太平洋に向かって流れるものの、大きく迂回して山間部に入り、そこから再び海に向かう不思議な川

沢田嘉農さんって何者？

前代未聞のマンションがどのようにつくられてきたのかを、沢田嘉農さんの人生とともに振り返ってみましょう。なぜ、こんな突拍子もないことを思い立ってしまったのか？　どう考えたらこのような雑多な表情を持つ建物ができるのかを探ってみます。

高知県南西部の山間で生まれる

沢田嘉農《かのう》さんは1927年8月11日、高知県幡多《はた》郡七郷村《ななさとむら》加持川《かもちがわ》字日《ひ》の川《かわ》（現・黒潮町加持川）で生まれました。黒潮町は太平洋に面し、ウミガメが産卵に来る美しい砂浜を展示スペースに見立てた「砂浜美術館」やホエールウォッチングで知られる町です。高知市からは南西に約70㎞、四万十川《しまんとがわ》河口の四万十市の隣にあります。

高知県南西部はニホンカワウソ最後の生息地とされる地域で、自然豊かな地域であったことがうかがえます。1927年といえば東京の上野─浅草間に国内初の地下鉄が開通していますが、そんな都市化とは程遠い土地で嘉農さんは生まれ、幼少時代を過ごしました。

海沿いの国道56号線を早崎《はやざき》から山に向かって5㎞ほど、加持川《かもちがわ》を遡り支流へと入った山間部が日の川（48ページ）です。インターネットで航空写真を見れば、ほとんど平地のない土地であることがわかります。生家は陽当たりが悪く、夕方には太陽が姿を隠してしまったといいます。このような環境は、さんさんと陽の当たる住まいに対する願望を育んだようで、沢田マンションが南に開けた敷地を選んで建てられた背景にはこのような原体験も影響しています。

祭祀にハマる山師の息子

父・丑馬《うしま》さんと母・寅絵《とらえ》さんの間に生まれた8人兄弟の2番目として生をうけた嘉農さんはとてもよく泣き、我の強い赤ん坊でした。幼いころ集落には兄弟以外に同年代の友達がいなかったことで、生来の我の強さがチームでの活動よりも自分がやりたいことの追求へと突き抜けていったのかもしれません。同居していた大好きな祖母が

嘉農さんの発動機コレクション

真言宗を信仰していたことから、小さなころから真言密教の宗祖であり四国に縁の深い弘法大師（空海）を祀る遊び（祭祀ごっこ）に没頭したといいます。自分の想像の世界に深く入りこみ、イメージを膨らませていく脳内回路がメキメキとでき上がっていきました。そして、この神仏や霊的なものへの信仰心は生涯変わることはなく持続されるのです。

当時の沢田一家は、祖父が山間部を移動しながらの製材業を営み、父親は山師や材木の売買などをしていました。「山師」というとギャンブル好きな人を連想するかもしれませんが、もともと山師というのは山の立ち木を売買する人のことを指します。のちに、一か八かの鉱山ビジネスを手がける人の呼称ともなり、博徒や詐欺師を意味するようになったのでしょう。

幼い嘉農さんは祖父が大好きで、よく仕事にもついていきました。山間に響く発動機や製材機の力強い音が大好きで、のちに長じて発動機マニアになってしまいました。沢田マンション内に飾られている大小さまざまな46台の発動機は嘉農さんが集め、ものによっては改造やチューンアップまでしています。

小学5年生でアパート経営を志す

嘉農さんが尋常小学校3年生のとき、両親と兄弟は先祖のお墓がある蕨岡《わらびおか》に引っ越すことになりました。大好きな祖父母と別れ難かった嘉農少年は、生家に残り祖父母の下で暮らすことを決めます。ところが、学校に通いはじめたことで集落外の友達もでき、やんちゃなイタズラがすぎました。たまりかねた祖父から、蕨岡の家族の下に戻されてしまいます。

しかし大好きな祖父母への想いは募り、どうしても会いたいと思い立ったある日、嘉農少年は学校が終わると仲のいい友達を誘い、国語と算数の教科書が入った荷物を持ったまま祖父母の住む生家を目指して駆け出しました。蕨岡から生家は直線距離でも4㎞あまりあります。それも山道を越えながらですから、子どもにしてみればちょっとした冒険です。

その道すがら、もう少しで日の川だというところで嘉農少年たちは田んぼの片隅にメダカが群れているのを見つけます。あと少しという気の緩みもあったのでしょう、肩から荷物を降ろしメダカを追いかけて遊びました。そうやって一息入れると、荷物も持たずに残りの道を生家目がけて駆けて行きました。

突然の孫の訪問に祖父母は驚きながらも、今晩は泊まっていけと迎え入れてくれました。うれしくてしようがない沢田少年は、メダカの群れていた田んぼの縁に荷物を置き忘れてきたことには気がついていましたが、明日とって帰ればいいやと思って大して気にも留めていませんでした。

ところが、あくる日の帰り途にいくら荷物を探しても見つかりません。きっと一生懸命に探したことでしょう。それでもどうしても見つからず、あきらめて帰るほかありませんでした。

当然、なくしてしまった国語と算数の教科書を次の授業のときに持っていくことができません。もちろん、その次の授業でも持っていけません。そんなことが続くので学校の先生も問いただしますが、沢田少年とその友達はうまく答えることができませんでした。「忘れました」としか言えないのです。事情をきちんと話せば、ちょっと怒られて新しい教科書をもらって一件落着でしょう。先生の尋ね方が気に喰わなかった、と嘉農さんは説明していましたが、いずれにしても嘉農少年たちと先生の溝は埋まりませんでした。国語と算数のときだけいつも叱られ、お仕置きをされます。素直に説明しない嘉農少年も頑固者ですが、国語と算数だけ教科書を忘れてくるのに事情を察しない先生も先生ですね。私も口下手な小学3年生だったので、何となく嘉農少年に肩入れしてしまいます。

授業のたびに叱られ廊下に正座させられ、そのうちソロバンの上に正座。もう痛いのなんの、と脛《すね》をさすりながら、思い出しても痛そうに嘉農さんが話していたのを思い出します。エスカレートする罰に耐え切れなくなった二人は、そのうち国語と算数の授業をサボるようになりました。もう教室にすら行かないのです。そんなこんなで3年生の半分は算数と国語の授業をほとんど受けることができませんでした。

4年生になれば新しい教科書にかわり、先生との衝突もなくなります。しかし半年間の遅れは嘉農少年のなかで劣等感となり、もう読み書きや算術では勝負できん、という思いに囚われてしまいました。

月日は流れ尋常小学校5年生になったころ、農協関連団体である「家の光協会」が発行する農村啓蒙誌「家の光」でアパートについての記事を目にします。部屋をいくつか並べて人に貸し、その家賃で生計を立てる「アパート経営」という仕事があることをはじめて知りました。戦前で農地改革もおこなわれていない、農民のほとんどが小作農だったこの時代の農村啓蒙誌に、どのような意図でアパート経営の記事が書かれていたのか知るよしもありません。しかしここで嘉農少年は、終生変わらぬ目標を定める出会いをしてしまったのです。

これなら国語や算数ができなくてもどうにかなる。どうせやるなら、でっかく10

0世帯は入るアパートをつくってやろう!

製材業での修業時代

尋常小学校を卒業した嘉農少年は祖父から製材機を譲ってもらい、家族とともに暮らしながら製材業に励みます。アパート経営を志しながら製材業というのも不思議ですが、大工の下で修業するまでもなく製材の仕事を通じて家の構造を学んだそうです。数年が経ち、嘉農青年の腕はメキメキと上達しました。製材の作業工程のみならず木の性質も理解し、原木を見ただけで生えていた環境がわかり、それを家のどこに使えばいいかを瞬時に見きわめられるようになったといいます。

ここで大事なことは、あくまで本人のなかで100%の自信を持って見きわめられるようになった、ということです。沢田マンションの近くに住む玄人《くろうと》の大工さんに話をうかがったことがあります。その方によると、沢田夫妻が家を建てるのを近くで見たことがあるが、玄人の職人としては、とても理解や許容のできない工法や材料の使い方をしていることがあったといいます。

前出の『沢田マンション物語』では、嘉農少年が《思念を集中》することでメダカ

三輪自動車を駆る嘉農さん

嘉農さんが徴兵されるにあたり
撮った写真

当時建てたアパート

ばりばり現役時代の嘉納さん

の動きをコントロールする遊びのエピソードが語られています。そんなことできるわけないだろう、というのが科学的な考え方からすれば常識というものでしょう。眉唾な話もほどほどにしろと。けれど嘉農少年のなかでメダカをコントロールできるのは100%の事実だったでしょうし、嘉農青年は100%の自信を持って製材や木の性質を理解していました。「近代科学ワールド」から見ると強烈な思いこみですが、パラレルに存在した「嘉農ワールド」では研鑽を積んで身につけた実在の能力だったのです。本当に信じきってしまえば、思いこみだろうと何かしら現実の力になっていくんです。あるいは現実というのは人それぞれにある、といった方が正確かもしれません。

ときは太平洋戦争の末期。17歳になり軍隊に徴集されてノコギリやヤスリの手入れを任されるものの、翌年夏に日本は敗戦し、嘉農青年の短い軍隊生活は終わります。その後も自分で製材業を続けますが、数年後に最愛の母・寅絵さんを亡くし、ほどなくして父が後妻を連れて来たころ、27歳になった嘉農青年は家を出る決意をしました。

はじめてのアパート建設

なんら蓄えがなかった嘉農さんは橋の下で寝泊まりしながらよその製材所で働きはじめます。その後アパート住まいを経て、いよいよ「100世帯アパート経営」の準備にかかりました。四万十川の河口近く、中村のお金持ちから2カ月の期限つきで土地を8万円で借り、河原から石を運びこんで整地、知人から譲り受けた巨木を材に挽《ひ》き、ひと月半ではじめてのアパートを完成させました。えっ、乾燥してない生木でつくったの？　という指摘もあるでしょうが、そこは「嘉農ワールド」ですから目をつむりましょう。

そのアパートは18万円で販売することができました。材料はタダ、人件費もゼロですから、不動産屋の販売手数料5％の9000円と借地代8万円を引いても9万1000円の利益でした。これを元手に建てた2件目のアパートで、嘉農さんにとってはじめての賃貸アパート経営が実現します。

その賃貸アパートに入居したうちの一世帯が、のちの奥さんとなる裕江《ひろえ》さんの家族でした。

自宅全焼、そして詐欺にあう

その後、裕江さんのお父さんは入院してしまいます。彼女が中学生にあがったころ、一家は経済的に行き詰まり、裕江さんを置き去りにして母親は実家に帰ってしまいました。その後、心配になった母親が戻ってきたり、周囲の人が裕江さんを親元へ返そうと努力しましたが、一度親に見捨てられ傷ついた心が簡単に癒されるはずもありません。嘉農さんがとくにやさしく接してくれたわけでもないようですが、頑として嘉農さんといるのだと言い張りました。結局、母親も周囲の人たちも根負けして二人が一緒に過ごすことを認めます。嘉農さん32歳、裕江さん13歳、１９５９年の春のことでした。

ところが翌年、いままで建てたアパートと自宅が全焼してしまいました。借金こそ残らなかったとはいえ、生活設計は大きく崩れてしまいます。その次の年には二人のはじめての子ども、啓子《けいこ》さんが誕生しました。このころから二人は元手が小さくてすむ建売住宅をつくりはじめますが、中村近辺で住宅を買う人は限られています。いっそのこと大阪へでも出て一旗上げるかと、建売住宅を売ったお金を持って、三人は大阪へ向けて出発しました。高知には嘉農さんの姉が住んでおり、そこで一泊させてもらって大阪へ向かうつもりでした。

しかし思いがけないことは起こるものです。姉の家に泊めてもらったあくる日の新聞に好条件な土地の広告を発見、大阪行きの予定を変えて飛びつきました。お金を払い、中村に戻って建売住宅の建材を揃えてから再度訪れると、お金を払いこんだ不動産屋はもぬけの殻。見事に騙され、お金を失ってしまいました。

伝説の住宅で次つぎと仕事が舞いこむ

詐欺にあったとはいえ、中村で準備してきた建材は残っていました。嘉農さんは新たに高知市中万々《なかまま》の造成地を見つけて家を建てはじめます。ひとしきり建ち上がったころ、巨大な台風がやってきました。とても強い風で、周囲に建ちはじめていた家がほとんど壊れてしまったそうです。そのなかで沢田夫妻が建てた家だけが、なぜかほとんど無傷で残っていました。周辺の家よりも太い材木を使っていたことが幸いしたようですが、そういった理由以上の強運もあったのでしょう。地元の生きる伝説となった二人の建てる家は、値段が安いこともあって後から後から注文が舞いこみました。

折しも高度経済成長期まっただなか。高知市への人口流入が続き住宅需要は急増、不動産価格は急騰という時期でした。近所の人の話によると、一番激しいときは2カ月で地価が2倍近くに跳ね上がったといいます。どんな家でも建てれば売れる時代、投機目的で購入する人が多数を占めていたそうです。素人でも多少の資金があれば投資をおこない、銀行は大した担保もなく貸し出していました。そんな状況のなか、着工前に建築基準法に適合しているかを審査する建築確認は徹底できず、沢田夫妻のように自前で建売りをする人もたくさんいたそうです。しかし建築許可証のない家には上水を通さないといった行政の対応措置がとられ、次第に極端な違法建築は減っていきました。

建てる。住む。売る。

仕事の増えた沢田夫妻は自分たちの建てた建売住宅に住み、その住宅が売れるとまた新しく建てた建売住宅へ転々と移り住みました。このことは家賃を節約できるだけでなく、自分たちのつくった家の住み心地を、そこに住まう人の立場で体感することのできる貴重な機会でした。そして1965年、貯まったお金で薊野《あぞうの》に土地を買い、作業所を併設したアパートをつくって大家業を再開します。その後も、家賃収入を生み出すアパートを10棟以上つくり、アパート経営を拡大していきました。

「四神相応」の敷地探し

ようやく「100世帯アパート」の建設資金もめどが立ち、沢田夫妻はいよいよ敷地探しに入りました。沢田夫妻は以前から家相を重んじており、住宅をつくるときは常に意識します。一世一代の大仕事をなす土地ですから、家相は決しておろそかにできない問題でした。

家相というのは、中国の風水思想をベースに民間信仰や地域の知恵などが混じった地方色の強いものです。『四国地方の民家』（鶴藤鹿忠、明玄書房、1968）によると、

《家相は陰陽五行説による方位説、方角信仰に基づいて家の吉凶を判断するもので……四国地方は一般に家相見（家相師）、山伏、修験、陰陽師、その他民間祈禱師の解説、普及によるところが大きく、「金神」は恐ろしい神とされている。

鬼門（丑寅、東北隅）、裏鬼門（未申、西南隅）を忌む風は広く……鬼門に建物をすると家がつぶれたり、火災にあったり何か災難、不吉なことが起こる……家相を無

視して建てた家があるが、その家は災難が絶えない……方位説、方角信仰、金神信仰は家相だけでなく、旅立つときにはアキ方（恵方）へ向いて出ると、怪我、過《あやまち》がないとし、また田圃のセマチを修築しても金神よけをするという……乾を最も吉とし、巽がこれについでいる》といいます。ちなみに乾《いぬい》は南西を、巽《たつみ》は南東を指します。

金神《こんじん》とは聞き慣れない言葉かもしれませんが、《陰陽道で祭る方角の神》で《その方角にむかっての建築・外出・移転・嫁とりなどをきらう》（新選国語辞典第六版、小学館）というもので、一年ごとに方角が変わります。沢田夫妻は金神の方角を常日頃から気にして、方角神の厄除けである「方違《かたたが》え」などをおこない、決して禁を破らなかったそうです。わざわざ遠回りをしたりする「方違え」など、近代科学ワールドから見れば前近代的な時間のムダにも見えますが、嘉農ワールドにおいては必要不可欠な行事でした。このように呪術的な考えは「古い」ものですが、必ずしもそれは「低級」や「下位」を意味しないと、沢田マンションを見ていると思ってしまうのです。

さて、そんな二人が探していたのは風水でいうところの「四神相応《しじんそうおう》の地」でした。四神とは天をつかさどる四種の神様のことです。近年発掘・保存の進むキトラ遺跡でも壁に描かれていたもので、東に「青竜《せいりよう》」、西に「白虎《びやつこ》」、南に「朱雀《しゆじやく》」、北に「玄武《げんぶ》」という神々がおり、それぞれが中央の「皇帝」を守ると考えられています。中国の長安や、それに倣った平安京などの地勢が典型例とされます。具体的にどのような地勢かというと定義は諸説あって、中国、朝鮮半島、日本という国による相違や時代による違いもあります。

私が思うに、ここで大事なことは厳密な定義ではなく「四神相応の地」であるという確信なのでしょう。ポジティブな思考に浸れるということが大事なんです、きっと。

東に川、西に大道、北に丘陵、南に平坦地というのが沢田夫妻の解釈ですが、まさにうってつけと目をつけたのが現在沢田マンションが建っている薊野（現・薊野北町）です。当時の薊野は造成されたばかりの住宅地で、現在建っているスーツや家電の量販店のような高い建物は何もありませんでした。

ターゲットを絞った嘉農さんは周辺で土地を売ってくれる人を探し、とうとう念願の敷地を手に入れることができたのです。

いざ着工、そして入居

敷地は、東西70ｍあまりの細長い土地でした。１００世帯となると、いくら沢田夫妻といえども一気に建てられる大きさではありません。それに資金のことを考えると、建てるそばから入居者を入れて家賃を取らなければ工事を続けていくこともできません。どこか、一部分からつくりはじめて徐々に拡張していこうという考えにいたりました。

では、この大工事をどこから建てはじめればいいのでしょうか。もちろん工事の工程や経済性を考えればおおよその方針は立ちます。それを考え抜いた上でも、なお絞りきれないことや飛躍が必要になるのは誰もが経験することです。100%のシミュレーションなんて不可能ですから最後は決断をしなければなりません。

そんな決断するときの不安を緩和する古来の知恵として易者という職能や、縁起担ぎという習慣があったのでしょうか。現代ではマジナイなんかに頼るのは甘えだというのが建前です。その一方で企業経営者や政治家が易者に頼っているなんていう、まことしやかな話も週刊誌に出てくるネタですね。

嘉農さんはもともと密教や神道、陰陽道を重んじてきましたから、最後の不安を易者に相談しました。すると、西から東に向かって建てていくのが吉だといいます。もう迷いはありません、建物を大きく第1～3工期部分に分けて、西から取りかかることにしました。

作業がはじまれば、後はガムシャラに工事です。方眼紙に描いたラフな図面で大きさを確認すると、細かな納まりは頭のなかだけで考えました。

沢田マンション工期区分

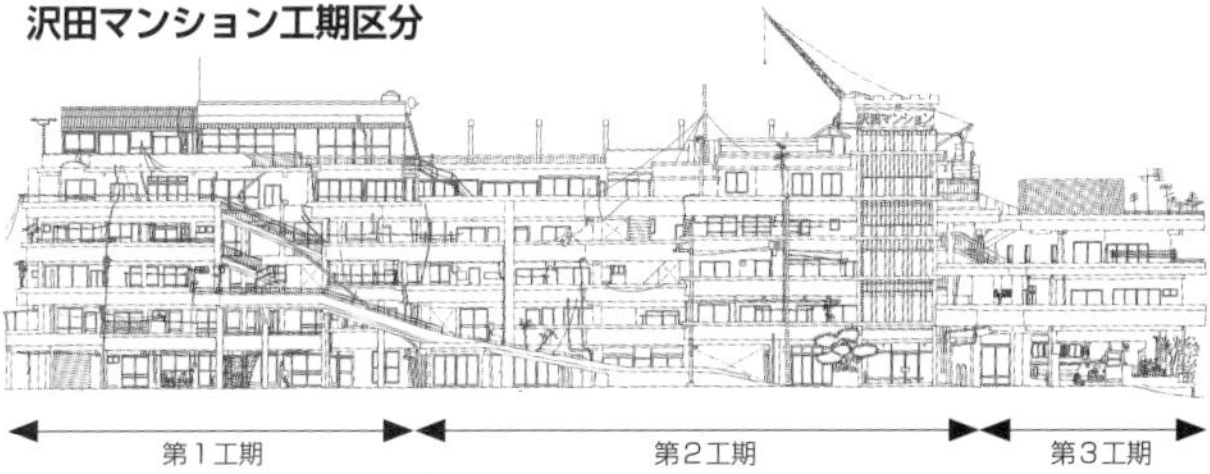

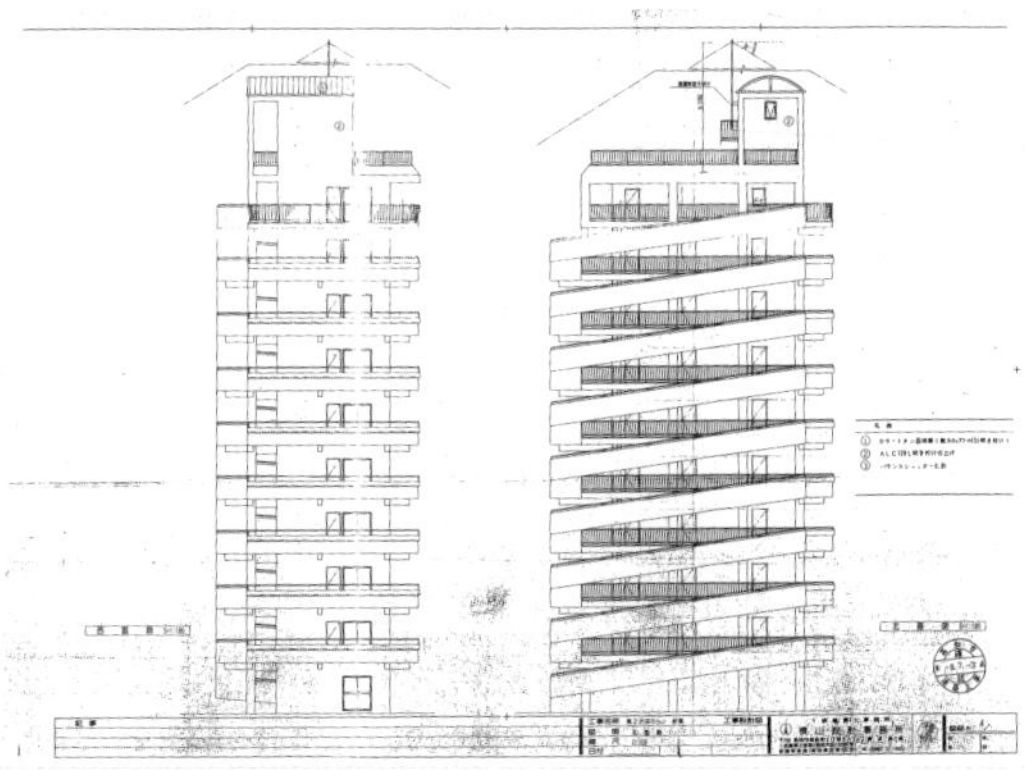

役所に提出した許可申請図面。なんとスロープだけで10階まであがることがことができるようだ！

孫が元気に遊べるようにと公園のような造形となった5階の自宅の庭

建設現場で思考し、それこそ手で考えるように試行錯誤しながら建物をつくっていく……。そんなロマンチックな物づくりを想像してしまいますが、嘉農さんにいわせると事情はちょっと違っていたようです。

夢見る設計者と早ワザ職人

嘉農さんは、自分のなかで「時間分業」をしていました。日が出ている間の嘉農さんは、スピード狂の職人でグダグダ考えたりはしません。一方、日が沈み作業を終えると設計者・現場監督となってスケッチをするでもなく延々と考えるのだそうです。全体のバランスや家相、明日つくる部屋の間取り、作業の段取り、鉄骨の納まり……。それらがすべてきっちりと定まり、明朝から再び職人になる自分自身に伝えきったらやっと一日が終了です。

最初の工事は、建物が建つ場所全体を掘り返し、基礎づくり。そして第1工期部分に5層分の高さを持つ鉄骨の柱を2間（約3・6m）間隔で6スパン建てていきました。着工から1年後には1階の6部屋（現在は5部屋）ができあがり、ついに入居者をむかえます。100世帯のアパート経営を志してからすでに33年が経ち、どうやら世間では「アパート」より「マンション」の方が響きが格上らしい。ということで、ようやく「沢田マンション」の誕生です！

増殖する沢田マンション

次つぎに入居者をむかえながら上階に増築を続け、4階までできたのが1973年のことでした。部屋番号は、以前建てたアパートの部屋番号を受け継いだ通し番号を完成した順につけたので、68号室からはじまっています。一度できた後で大きく改造した住戸は部屋番号を1号室からつけ直したり、壊した住戸は欠番になっていたりと複雑なので、詳細に見ていくと考古学的な趣味がある人は楽しめます。

東に向かって第2工期部分を建てはじめたころに三女の和子《かずこ》さんが誕生しました。第2工期が終わる1975年に、断熱と菜園を兼ねて屋上に土を入れます。嘉農さんは高知市の西方、国指定史跡天然記念物の鍾乳洞である龍河洞《りゅうがどう》の近くに山を買っており、そこから土を運んできたのです。ほかに生家近くの山林なども買っています。山を買うなんて何やらとんでもないことのようですが、沢田夫妻の職歴や父親の山師という仕事を考えれば驚くに値しないのかもしれません。その山では耕作をしたり、山林を伐採して沢田マンションに使う材木を採り、炭を焼いたりしています。

建売住宅やアパートにも、自ら買った山の木を使いました。考えてみればこれほど経済的なことはありません。第一次産業の林業、第二次産業の建設業・製造業、第三次産業の不動産サービス業まですべて一家でこなしますから中間マージンはすべてカット、地元の材を地元で消費するのでCO_2も地域内循環です。そんじょそこらのセルフビルドとは育ちが違うのですね。

1983年からは第3工期部分を着工し、2年後の1985年に建物本体の工事をひと通り完了します。着工から14年目のことでした。

しかし、まだまだ満足して立ち止まったりしません。

1989年には自動車で5階まであがるためのスロープがつくられます。すべての階が地面の上で生活するような建物にしたい、そして最上階の自宅玄関まで自動車で乗りつけてみたいという夢を実現させるためです。

1991年には4畳分もの広さがあるリフトができ、1994年に南側共用廊下の手摺壁と花壇ができました。第3工期部分の屋上には、なんと魚釣りができるように池がつくられたりもしました。そのほかにも部屋の改造やマイナーチェンジはたくさんありますが、とてもあげきることができません。そしてすべての改装歴を憶えて

高所恐怖症とは無縁の子どもたち。クレーンで移動中？
マネしてはいけません！

沢田家の子どもたちは早くから重機に馴染む

いる人もおそらく誰もいません。

おもしろい例では、家相にあわせての改装がいくつもありました。たとえば敷地入り口や、5階沢田家住戸の玄関が妙に斜めなのがそうです。ある時期どうもよくないことが続くので建物の家相を見直したところ、入り口の向きがどうもよくない。それまで東向きであったものを、やや南に振って吉の方角である巽（南東）に変えてみたのです。すると悪いことは収まり、入居者は増えて運勢が好転することしきりだったといいます。

そういうお話をうかがいながら、私はきっと「何を言ってんだ？」という表情をしていたのでしょう。裕江さんは気を悪くするでもなくおっしゃいました。「若いうちはわからんもんだろうけど、年取ったらわかるき、ほんとに家相は大事よ！」

金神《こんじん》信仰については詳しくないですが、すくなくとも家相というのは客観的な根拠を示せる例も多々あるようです。科学的でないどころか、むしろ土地の地勢やヒトの本質を捉えたものもあるでしょう。ただ根拠と同様に大事なことは、よりよく生きようとする人間に対しての受け皿が、生活の型として存在したことなのかなと沢田夫妻のお話をうかがいながら感じました。それは家相でも金神信仰でも同じで、いい明日、未来を求めるモチベーションを受け止めて日々持続させてくれる行動指針といえばい

はりまや橋を建設中の嘉農さん。次女の夫・守也さんの仕事ぶりを住人が見守っている

家族みんなで庭で餅つきをする風景。
5階なのに地上の家と変わらないのが素敵だ

いでしょうか。

私はそういった信仰にあまり縁がありませんが、沢田夫妻を見ていると、食事の作法や背筋を伸ばした立ち居振る舞いといった生活の型が身体の健康を支える経験則でもあるように、民間信仰や家相が心の健康を支えて、実力を出しきる手伝いをしたのだろうと感じられました。

2003年3月16日、沢田嘉農さん逝去。ご自宅の畳の上で家族に囲まれての大往生でした。

これほど恵まれた逝き方はないでしょう。やっぱり家相を実践したおかげなのかなぁ。嘉農さん、ものすごい福耳だし。おもわず本気でそう思ってしまいました。

近年は防災対策や耐震補強を沢田一家と入居者が一丸となって真剣に検討中。沢田マンションはまだまだ生き続けています。

沢田マンション年表

1927年　沢田嘉農誕生（8月11日）
1938年　小学校5年生のとき、アパート経営で生計を立てる決意
1939年　12歳　祖父と同じ移動製材の仕事をはじめる
1944年　17歳～18歳　徴兵
1946年　南海大地震
裕江誕生
1952年　母・寅絵さん（48歳）が死去
1954年　27歳　家を出る。橋の下で寝ながら横山製材に勤める
アパートを転々としながらいろんな人に出会い学ぶ
1958年　31歳　念願のアパート経営をはじめる
1959年　32歳　13歳の裕江さんと結婚。二人の結婚記念日（4月10日）
1960年　アパートがすべて焼失（10月）
1961年　第1子啓子さん誕生。裕江さん15歳
1963年　中村市ですでに10件あまりの建売を建てていたが、大阪に出ようと中村を後にする。が、結局行き先が高知市に変更

「S土地」という不動産で詐欺にあう。「K土地」から中万々《なかまま》に土地を借り、家を立てる。運命の台風。台風に耐えた家は190万円で売れる！

好況の波に乗り、中万々、三園《みその》、池田、薊野、北本町《きたほんまち》などに300世帯分の建売住宅・建売アパートを建設

裕江さんの父・茂さん51歳で死去。裕江さん17歳

1964年　裕江さん18歳、大病で三途の川を体験

1965年　薊野に3階建ての自宅を建築。以後ここを拠点に建売住宅をつくる

1966年　第2子幸子《たかこ》さん誕生。裕江さん20歳

6坪の2階建て住宅を裕江さん一人でつくる

1968年　裕江さん、すぐ怒る嘉農さんに対し堪忍袋の緒が切れ、次女を連れ家出。すぐに戻る（3月）

1970年　土地探しをする

長女啓子さん、小学3年生にして一人で部屋のボードを貼るようになる

1971年　43歳　沢マンの敷地である「四神相応の地」を手に入れる（1月）

第1期工事着手（50坪）。貯水タンクのある倉庫完成

1972年　井戸を掘りあげる。1階の6部屋ができ上がる。このころ家賃は2万5千円位

1973年　4階建て24部屋の第1期「沢田マンション」完成！

第2期工事はじまる（140坪）

1975年　3子和子さん誕生。　裕江さん27歳
　5階の自宅に着手。4月に入居する
　みずから沢マンスーパー開店（5年後閉じる）
　屋上にはじめて土を入れる。半分を野菜畑に、残りを薩摩芋畑に利用（1999年に薩摩芋畑から水田に切り替え）
1976年　バス旅行はじまる（～1985年頃まで）
1983年　第3期工事はじまる
1985年　ひと通りの工事が終わる
1986年　地下の横穴を掘りはじめるが、途中でギブアップ。野菜などの保存室に利用
1989年　スロープ完成
1991年　リフト完成。6回の試作を重ね、3カ月かけ完成させた。4畳分の広さで重量2トンまでもつ
1992年　裕江さんの母・直恵さん死去
1993年　5階の自宅が火事で全焼（1月）。2カ月後、新しい自宅完成
1994年　手摺りなどに花壇が完成。沢マンの緑化が進む
　裕江さん、次女・幸子さんがマンション内で「民宿」を経営
1996年　「沢田マンション」10階建て化構想。建築確認通知書を受け取る（67ページ参照）

１９９８年　4階の池完成。３女和子さんが出産
１９９９年　２女幸子さんが出産
２００１年　犬の「真魚《まお》」が家族の仲間入り。
２００２年　住人によるホームページ「沢マンどっと混む」開設（4月1日）
　　　　　　居住者主催による第一回「沢田マンション祭り」開催（6月1日、2日）
２００３年　沢田嘉農、肝臓病で逝去。享年75歳（3月16日）
　　　　　　沢田家と住人による「沢田マンション防災会」発足。
　　　　　　防災会による「沢マン新聞」発行（7月7日）
２００６年　「沢マンＥＸＰＯ２００６」開催（11月18日）
２００８年　「沢田マンション豊年祭」開催（11月2日）
２００９年　沢田マンションギャラリー room 38 開設（11月）
２０１１年　「サワダマンションマツリ２０１１　SAWASONIC」開催（8月28日）
　　　　　　沢田マンションギャラリー room 38 設立5周年特別展
　　　　　　「3日間の奈良美智・ドローイングショウ」開催（11月7―9日）
２０１４年　沢田マンション祭り２０１４「沢田トロリンナーレ」開催（11月9日）

参考：フリー百科事典『ウィキペディア（Wikipedia）』
『沢田マンション物語』古庄弘枝、情報センター出版局

02

沢田マンションの歩き方
——沢マンを読み解く13のキイワード

1　構築のシンボル沢マン柱ガイド

建築マニア・廃墟マニア・土木マニアといった嗜好が世間一般の認知を得つつあります。私を含めたその手の方々にとって、とっても魅力的に映るのが沢田マンションの柱。さまざまな柱のおもしろさを語ります!

花壇の水平 vs 柱やリフトの垂直

沢田マンションの外観を特徴づけるのは水平と垂直のコントラストです。幅70mにおよぶ建物の全長にわたって水平ラインを強調する花壇と、そこにモサモサと生える植物たちは、「すべての階が地面の上にいるようなマンションにしたい」という嘉農さんのイメージを体現した、「水平な大地」の象徴のようです。それに比べて各階を支える柱や、垂直な鉄骨の骨組みだけでできた機械的なリフトからは、大

地から立ち上がろうとする作り手の「構築への意志」が感じられます。

ヒロイックで理知的な建築の柱

柱は、昔から建築空間の重要なパーツでした。地面からまっすぐに立ち上がる柱には、周囲の自然から一線を引いた、人間の意志が溢れています。つまり、「ヒーローっぽくてカッコいい！」と。だから、かつては権威を誇示する建物にドシッとした柱が行儀よく並んだ建物が好まれました。

また権威とは別に、規則正しく配置された列柱には日常や時間を超越した理知的な雰囲気も漂います。近ごろ、そういう表現はあまり流行らないようですが、じつは、その背景にある考え方が時代にそぐわないのかもしれません。

寡黙で誠実な土木構築物

一方、同じようにドシッとした柱が行儀よく並んでいても土木構築物や廃墟だとおもむきが違って見えます。ヒーローというよりは寡黙な力持ち、理知的というよりは

ドイツ美術館(P.L.トロースト設計、ミュンヘン、1937)。ナチス時代の美術館建築

パリ万国博覧会「ドイツ館」(アルベルト・シュペーア設計、1937)。ナチス・ドイツの国威を誇示する建築。対面にはソ連館が建っていた……

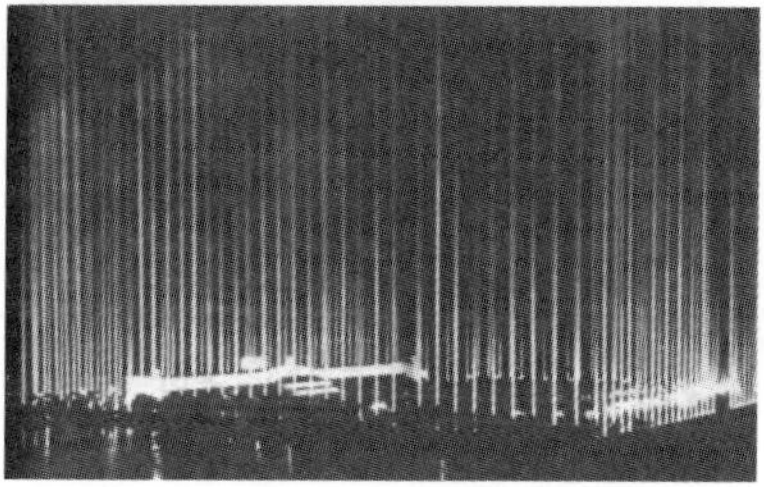

アルベルト・シュペーアが立案した、ナチスの党大会を演出するための光による列柱空間「光のドーム」。会場のツェッペリン広場を取り囲むサーチライトの光線が上空で一点に集まる

[左] 首都圏外郭放水路の巨大な柱群。まるで神殿のようだ(撮影:西澤丞)
[右] 地下鉄の列柱

誠実。廃墟なら哀愁まで漂います。

こんな存在が近年ようやく「鑑賞対象」として流行るようになったのは、恋愛相手としては派手な美男子がいいけど、いざ結婚相手となると野暮でも実直な人が意外にモテたりするのと似た熟成が鑑賞側に備わってきたからでしょうか。

沢マンの注目柱① ジャイアントオーダーリフト

水平基調の沢田マンションのファサードのなかでひときわ異彩を放つのが南東面に取りつけられたリフトです。骨組みだけの昇降路が各階ごとの花壇で分節されて垂直感を加速させます。建物本体と細い2本の柱で囲われた空間に繊細な縦格子がついて、まるでそれらが一体でひとつの巨大な柱、ジャイアントオーダーのような姿で空へ向かって伸びる姿は、まさに沢田マンションの顔です。

てっぺんに掲げられた「沢田マンション」という看板や、絵本に出てくるヨーロッパのお城みたいな飾りもご愛嬌。

沢マンの注目柱② スロープを支える群柱

それ自体が「ジャイアントオーダー」にも見える沢田マンションのリフト

ジャイアントオーダー：複数階を貫く高さを持つ柱による構成様式のこと。ミケランジェロが計画したローマのカンピドリオ広場の建物で、はじめて用いられ、バロック期以降に多用された

頂部には西欧のお城のような飾りがついていて、柱頭のように見える

バロック建築の巨匠ベルニーニによるジャイアントオーダー。ローマのパラッツオ・キジ・オデスカルキ

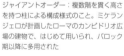

南側スロープを支える群柱。存在感があるのに、どこか現実離れした違和感を見る人に感じさせるのはなぜ？

古典的な建築や土木構築物の柱を見慣れた目で沢田マンションのスロープを支える柱たちを見ると、なんともいえぬ胸のモヤモヤを感じます。

2層分の高さを持つ柱はドシッとした存在感を持って地面からヒロイックに立ち上がっているのに、配置がなんとなく行き当たりばったり。スロープ自体が建物のできた後の思いつきで増築されているので、建物の柱との位置関係もいまひとつスッキリしません。

まっすぐな柱が整然と並ぶ建築の美しさは、小さいころの運動会でおこなった炎天下での入場行進や組体操のようなマスゲームの美しさと似ています。素直なパーツが規律を守って整列し、行動する美しさ。見るだけならいいですが、パーツであることを強要される生徒は大変でした。だからでしょうか、スロープを支える責任を果たしながらも他人から強要される美しさの基準を拒否するかのように立っているこの柱たちは、ささやかな自由を体現しているようで、ちょっと親しみを抱いたりもします。

近年の先端的な建築デザインでは計算技術の発達にも支えられて、構造や開口部がランダムに配置された建築表現が多く見られます。それらすべてが規律からの逸脱や自由を表現しているとはいえませんが、どこかでそんな社会の気分を反映しているのでしょう。

沢マンの注目柱③　北側列柱廊は廃墟的？

1階北西部に見られる円柱と角柱の混じった列柱廊は、陽が当たらず湿っぽい空気と、裏山の墓地が壁越しに垣間見えるせいもあって廃墟のような雰囲気があります。そのように感じさせるもう一つの理由として、スロープの柱と違ってほぼ等間隔の直線状に並んでいるせいもあるでしょう。廃墟という時間の止まった空間には、建築の列柱に通じる理知的な構成があってこそ、忘れ去られた哀愁が際立ちます。構造的な経済性や使い手の快適性を犠牲にしても理知的な構成にこだわる建築家というのは、自分の作品が廃墟となってもなお生き続ける様を夢想しているのかもしれません。

なお、ここは1階住戸のすぐ裏面なので、もし見学するときはお住まいの方への配慮を忘れないようにお願いします。

沢マンの注目柱④　地下のアトラス

1階北西部の列柱廊

東側地下空間の柱

屋上に立つ独立柱。増築のためというよりは、上への意志を遺したかったのかもしれない

東側の地下室にある柱はとにかくゴッツイ。大人が抱えても腕が回らないこの柱は、まさに縁の下の力持ち。一身で天を背負ったアトラスのようです。

構造的には根元に水平変位が集中しそうなプロポーションなのが少し心配です。

沢マンの注目柱⑤　最後の柱

嘉農さんの構築的な意志をはっきりと感じさせる柱があります。屋上に立つ5本の柱は、嘉農さんが亡くなる直前に立てさせたものです。もう自分で成し遂げることはできないであろう100世帯マンション実現の夢を、畑の中にすっくと立ち上がる柱に託しました。

古代の日本では独立した柱を神様の依代《よりしろ》とすることがありました。神様を数えるときにも柱という語を添えます。この細い柱が力強く見えるのは、嘉農さんの想いが依っているように感じられるからでしょうか。

2　世界に繋がる角出し建築

沢田マンションには「角《つの》」があります。日本では沖縄の建物で、よく「角」が見つかります。世界を見渡せばあちこちの建物に角が発見できます！　沢田マンションの増殖に縁が深い角の秘密を探ります。

沖縄建築の角

沖縄で角出し住宅とよばれるタイプの建物があります。角というよび方はそこから拝借しました。では、角って何でしょうか？　まずは本家である沖縄の建物を見てみましょう。

沖縄の建物は、そのほとんどが鉄筋コンクリート造の四角い箱に平らな陸屋根《ろくやね》がのっています。その屋根から、柱の延長みたいなものがニョキニョキと出っ張っていま

［上］沖縄の角出し建築。街中や郊外でふつうに見られる。住宅に限らず店舗や倉庫建築にも用いられる

［下］沢田マンションの屋上に出ている

すね。これが沖縄建築の角です。場合によっては、柱の延長にまでなりきれず鉄筋がそのまま飛び出しているものもあります。何でこんなものが出てくるのでしょうか？

建物に新しい部分を増築するときのことを考えてみてください。木造の建物だったら、なんとなく釘を打てば繋げそうです。でも鉄骨造や鉄筋コンクリート造だと新しい部分をくっつけるのは大変そう。

鉄筋コンクリート造は中に埋めこまれた鉄筋と外側のコンクリートが一体となって強さを発揮するので、単純に外側から釘で繋ぐというわけにはいきません。キレイな箱型につくられた鉄筋コンクリート造の建物を増築するには高度な知識と技術が必要になります。つまり手間とお金がかかるんですね。

一度できあがったら、それが最終決定版で後からなかなか変更できない。なにやら縛られた感じがします。時間が経つにつれて家族や生活が変化するだろう、と誰でも想像しますから、最初から改造しやすいようにつくっておきたいですよね？ いまは予算がないけど、お金が貯まったら増築しようと考える場合もあるでしょう。そのような未来への対応を鉄筋コンクリート造で簡単に実現するにはどうしたらいいか、沖縄の人は考えたのです。

角の正体と鉄筋コンクリート造の仕組み

鉄筋コンクリート造というのは、砂・砂利・セメント・水の混合物であるコンクリートと、その中に埋め込まれた鉄筋（鉄骨鉄筋コンクリート造では鉄骨も）が一体となることで成り立っています。ですから床や柱を継ぎ足す場合には、基本的に元の部分（鉄筋）と継ぎ足す部分とが一体にならなければいけません。

鉄筋がすべてコンクリートの中に埋まっていたら、元の部分の鉄筋と継ぎ足す部分の鉄筋とを一体的に繋ぐことができなくなってしまいます。それではうまく力を伝えることができずに、建物を支えられません。

ですから、さしあたって必要なくても、将来増築をしたい部分の鉄筋を余計に出っ張らしておくと、後から継ぎ足すのが楽チンになるのです。鉄筋をそのまま突き出しておくとサビてしまいますから、後で削り取りやすいように弱いコンクリートで覆ったものが、沖縄建築の屋上にならぶ角の正体です。

予算に余裕のある場合などは、上の階の屋根までつくってしまい、増築用のスペースを広いバルコニーとして確保していることもあります。

沢田マンションの角

沢田マンションの角は、北側のスロープや屋上で見ることができます。北側のスロープを支える柱は、いかにも伸びる気まんまんといった感じです。次ページ下の写真は少し前のもので、現在は伸びる意欲を鎮め、鉄筋は雨よけのコンクリートで覆われています。

沢田マンションの主要な柱は5層分の長さを持った鉄骨を芯にした通し柱ですが、溶接で繋げられるようにちゃんと頭が出ています。「沢マン柱ガイド」（93ページ）で紹介した屋上の5本の柱は象徴的なものですが、あれも角の変形だといえるでしょう。

沖縄建築以上に増築するのが大前提でつくられてきた沢田マンションですから、そのための仕組みがあるのは驚くことではありません。しかし、日本本土では角があまり見られないのはなぜでしょうか？

鉄筋コンクリート造はプロしかできない？

これらの角に鉄筋を
繋いで増築していく

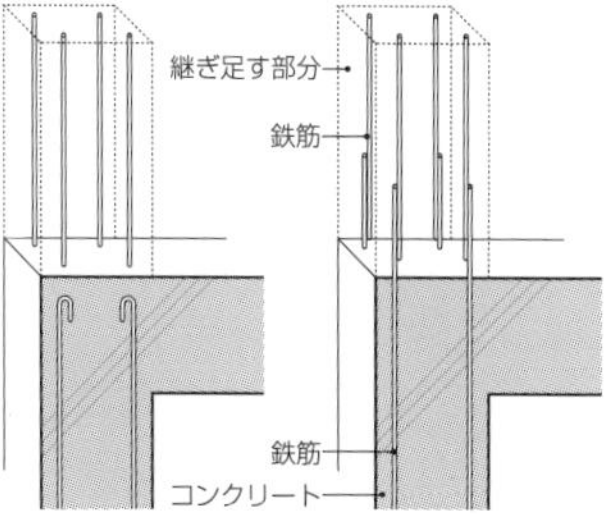

鉄筋がコンクリートの中に埋まっていると、継ぎ足すのが難しい

鉄筋がコンクリートから出っ張っていると、継ぎ足しやすい

沢田マンション北側スロープに並ぶ角。さらに上にも通路をつくろうとしていた？

現在、一般に鉄筋コンクリート造とよばれる構造は、19世紀初頭のイギリスで特許が取られたポルトランド・セメントにはじまります。19世紀後半にフランス人が試行錯誤のなかから鉄筋でコンクリートを補強する方法を生み出しました。その後、フランスやドイツの企業家が工学的な研究を重ねて、広く普及していったのです。

日本で最初に鉄筋コンクリート造の建物がつくられたのは1905年のことだといわれています。設計したのは数学に強い海軍の技師でした。1920年には構造計算書の提出が法律で義務づけられ、1923年の関東大震災後は地震や火事に強い建物として、建築家で構造学者の佐野利器《としかた》（1880―1956）を中心に普及が進められます。

このように、日本本土での鉄筋コンクリート造は欧米の最先端技術として輸入されました。早くから法律的な規制がおこなわれ、普及の旗振り役は超エリート学者でした。そんな経緯もあってか、本土で「自分の手で鉄筋コンクリート造の建物をつくる」という発想をする人は建築の専門家でもない限り、まずいません。

街並みの美観ということもありますし、増築するときはどうせ専門の工務店に頼むのですから、プロの手で外観をキレイにしてもらった方がいいというのが本土の感覚でしょう。

沖縄の鉄筋コンクリート造は「農村住宅」の工法だった！

一方の沖縄では、第二次世界大戦後のアメリカによる占領下で鉄筋コンクリート造が普及しました。

1959年に大きな台風に襲われたことを契機に、農村住宅の調査をもとにして占領政府が次のような提案をおこないました。

《琉球における農村住宅は、壁をコンクリート、ブロックでつくり、屋根はコンクリート、スラブとし、床等の内部構造は防腐処理した木材を使用するのが最良の建築方法だと信ずる。尚、コンクリート、ブロック壁には必ず鉄筋を使用せねばならない。詳細な設計に関しては、琉球政府及び他の団体に優秀な建築士が居られるので、その方々にお任せする。沖縄の北部・中部・南部に夫々一人づつ一級建築士を派遣し、コンクリート、ブロックに使用する鉄筋の配置等に関して農家に助言を与え、同時に白蟻やカビ等の予防駆除について指導し、堅固な農村住宅を建築出来るようにすべきである》（『拡張する住宅　沖縄にみる自律的居住環境デザイン』田上《たのうえ》健一、創英社・三省堂書店、2004）

当時90万人近い県民がいた《沖縄の北部・中部・南部に夫々一人ずつ一級建築士を派遣》ということは、指導をするので、あとは自力でやれといっているようなものですね。

その後の実情はわかりませんが、素人に毛が生えた程度の人でも取り組める庶民の工法という意識とともに普及したことは間違いないでしょう。

本土で鉄筋コンクリートの戸建住宅を建てると聞けば、お金持ちだなあと感じます。しかし、2002年に沖縄で建築された独立住宅の97％以上が鉄筋コンクリート造または鉄骨コンクリート造でつくられている（「平成15年度住宅・土地統計調査」総務庁統計局）ことからも、本当に地域に根づいていることがわかります。

沖縄で鉄筋コンクリートの施工をする方々と我流施工の沢田夫妻を一緒にしてはよくないのかもしれませんが、なにやら通じる感覚があると思わないではいられません。

世界で見られる角出し建築

鉄筋コンクリートを工学的に構造計算・品質管理して厳密に施工できる国や地域というのは世界のごく一部に限られています。それでも、鉄筋コンクリートは程々に安

ペルーの角出し住宅

角出し建築にも通じる、沖縄のバルコニー建築。半屋外生活や増築用の余白としてバルコニーが確保されている

ギリシャの角出し住宅。気候が乾燥しているから鉄筋がむき出しでもサビないのだろうか？

価かつ丈夫なので重宝されます。地域によってはコンクリートの代わりに日干し煉瓦を使ったり、鉄筋の代わりに竹や繊維を使う場合もあるでしょう。それでも、予算が少ないながらも住まいを固定化したくないという想いはどうやら広く共通の感覚らしく、角出し建築は海外にも広く存在します。

日本本土の感覚から見るとヘンチクリンに見える沢田マンションや沖縄の角出し住宅が、じつは世界と繋がっているというのは、なんだかおもしろい話ですね。

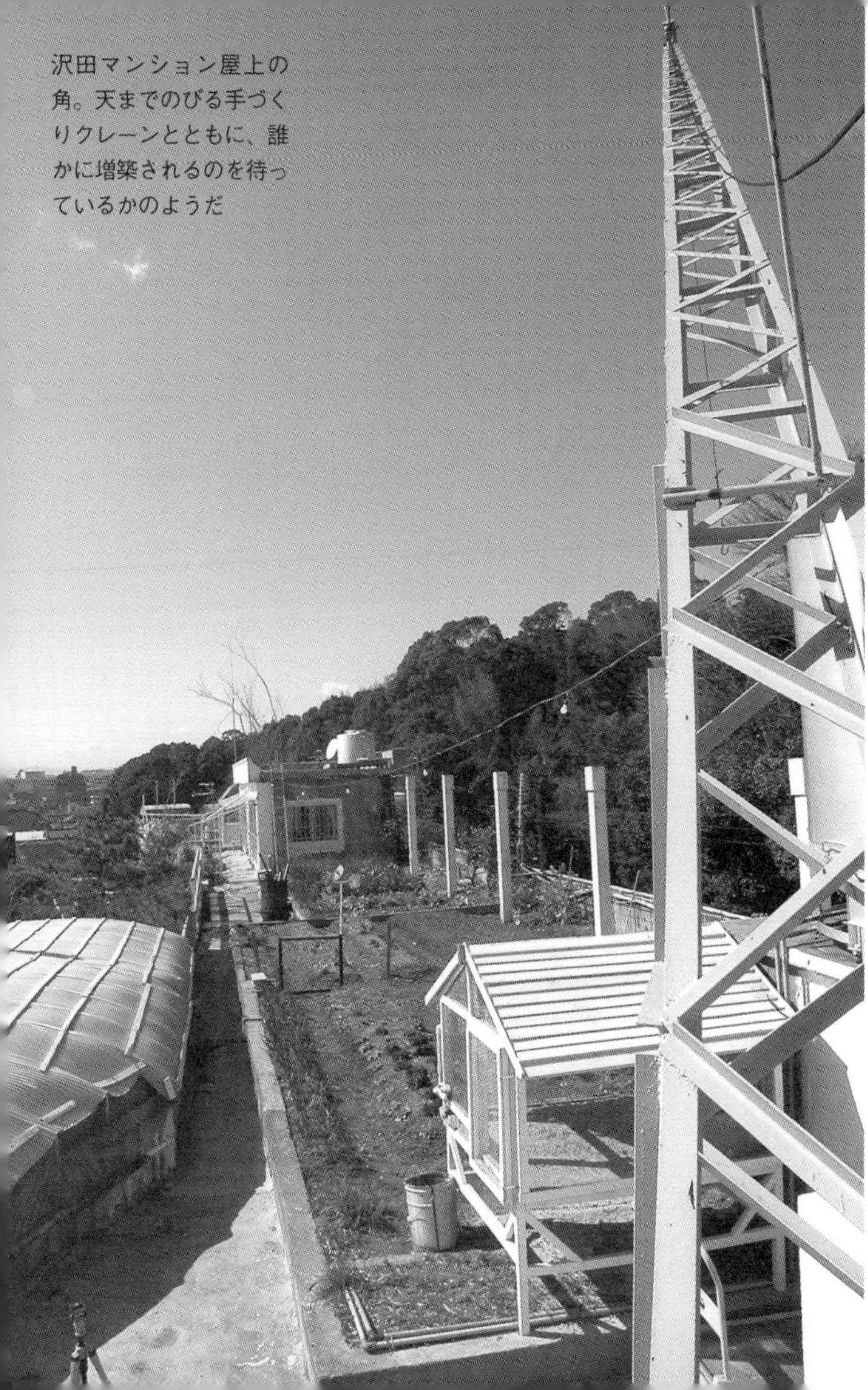

沢田マンション屋上の角。天までのびる手づくりクレーンとともに、誰かに増築されるのを待っているかのようだ

3　スロープ的発想

地下1階から屋上庭園のある5階までスロープで移動できる！　超絶のバリアフリーを実現。沢マン名物のスロープ建設の経緯とともに、建築史におけるスロープ的発想を紹介します。

5階にある自宅の玄関まで自動車で乗りつけたい！

すべての階が地面の上にいるようなマンションにしたいから、山道のようにあがっていけるようにしたい！

そんな理由でグルグルと5階まで続くスロープがつくられました。資材を上にあげる経路としてもエレベーターをつくるより安価ですみ、お年寄りも登りやすいように

［上］南側の3階までのぼるスロープ
［下］3階で建物を貫通して北側に回りこみスロープは続く

という理由もあったようです。この工事がひとまず完了したのが1989年のことでした。

1994年6月に放映された「探偵ナイトスクープ」(朝日放送製作)の画像や『ROADSIDE JAPAN 珍日本紀行 西日本編』(都築響一、ちくま文庫、2000)に載っている1997年の写真からは、当初のスロープが現在の位置と一部異なっていたことがわかります。初期バージョンのスロープが建物に近すぎて陽当たりが悪くなったため地上から2階にいたる部分を取り壊し、建物から離してつけ直したのです。現在もスロープをよく観察すると継ぎ足した部分の跡が残っています。

どんどんつくるだけでなく、壊してやり直すことにも躊躇《ちゅうちょ》のないところが沢田マンションたるゆえんといえるでしょう。

急でザラザラな坂道

このスロープの勾配は急なところでおよそ3分の1ほどもあります。水平に3m進むと高さが1mあがる坂道ということです。立体駐車場などのスロープ勾配が6分の1以下と決まっていますから、ほぼ2倍!! バリアフリーという意味では、法律で歩行用の屋外スロープは15分の1以下と基準が定められているので沢田マンションのスロープの傾きは基準の5倍！

雪が降ったときなどは沢田夫妻の三女、和子さんの夫である稔恵《としえ》さんが朝早く起きて水を撒いて融雪します。おそらく浸みこんだ水が凍結・膨張してコンクリートを脆くしてしまう凍害のせいでしょう、スロープ表面は砂利が露出してザラザラしています。かえって滑り止めになってはいるともいえます。

本当に5階まで自動車で登れるの？

そもそもの発端は、5階の玄関まで車で乗りつけるという夢でした。はたして当初の目的は達成したのでしょうか？

4階の屋上に池ができたことと、5階にあがってすぐのところに製材機械が設置してあるために残念ながら現在は自動車で玄関まで行くことができませんが、かつてはできました。2002年、住人の果敢な実験により軽自動車で4階までは行けることが実証されています。小型の資材運搬用キャタピラ車であれば、いまでも5階まであがっていけます。

ぐるぐる坂道仲間

住戸をぶち抜いてまで車が通るスロープをぐるぐる通すなんて噴飯モノな発想だと思われるでしょうが、同じようなことを考えた人は古今東西にいました。

自動車工場や物流倉庫、駐車場などであればもちろん見ることができます。そうではなくグルグルと車で登っていく建造物といえば旧約聖書の創世記で古代メソポタミアの中心都市バビロンにあったといわれる「バベルの塔」が古い例でしょう。16世紀の画家、ピーテル・ブリューゲルが描いた「バベルの塔」では反時計回りにスロープで登っていく人の姿が描かれ、ふもとにはスロープを登ろうとする荷車を見ることができます。このような絵が聖書に描いてあったわけではないのですが、少なくとも16世紀の画家はこのような姿を発想したのですね。

最近の提案としては、２００１年におこなわれた「青森市北国型集合住宅国際設計競技」で上層の住戸まで自動車で登っていけるストラクチャーを提案したオランダのチーム「Atelier Kempe Thill architects and planners」が優秀賞に入り話題になりました。これらは現実の例ではありませんが、車でぐるぐる登っちゃおうという発想

2007年のスロープ。点線部分から方向を変えて、陽が入るよう建物との間隔を確保した。少し洗練された気がする

都築響一氏による『ROADSIDE JAPAN 珍日本紀行 西日本編』(ちくま文庫) で紹介されたスロープ

「バベルの塔」ピーテル・ブリューゲル
1563, ウィーン美術史美術館所蔵

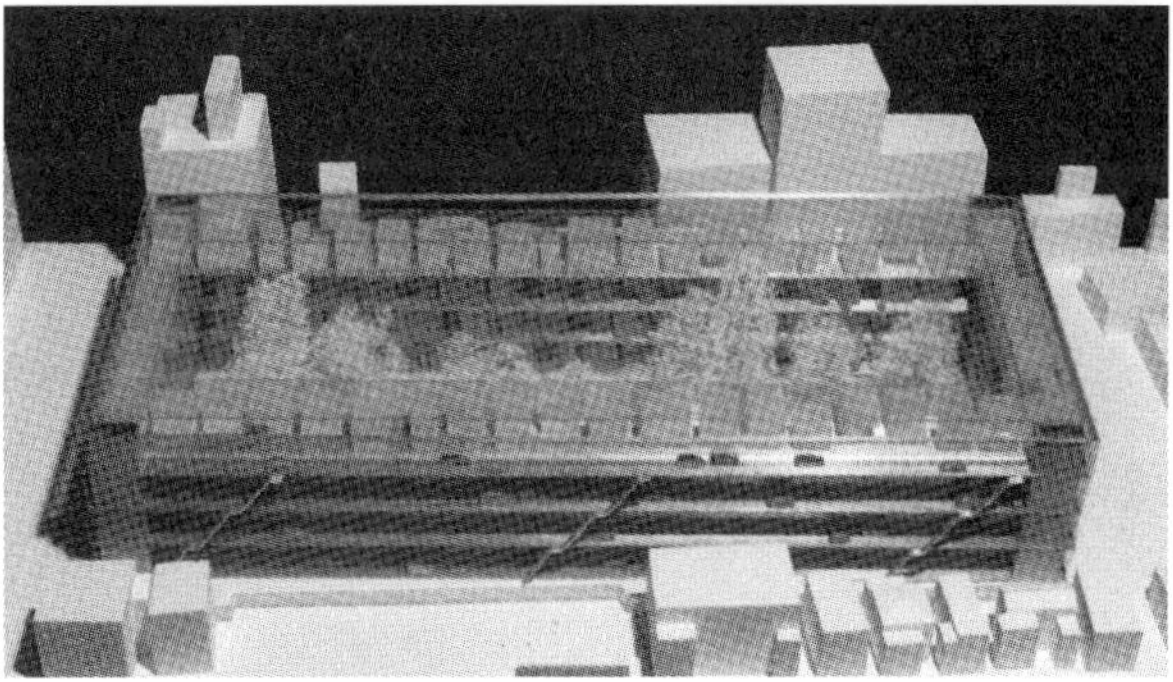

「青森市北国型集合住宅国際設計競技」で優秀賞を受賞した
Atelier Kempe Thill architects and planners案

自体は時代も洋の東西も越えて人をワクワクさせる力があります。

4　日本集合住宅史の三大軍艦

20世紀初頭、鉄筋コンクリート技術の輸入によって日本の集合住宅も横に伸びた「長屋」から縦への積層化がはじまりました。そして100年……。日本集合住宅史で異彩を放つ「島」「アパート」「マンション」の各ジャンルから三大軍艦を結集！　そこから見えてくる「軍艦建築」とは？

三大軍艦！

日本集合住宅史の「三大軍艦」。それは「軍艦島」、「軍艦アパート」、そして軍艦マンションともよばれる「沢田マンション」です。勝手に決めました。

軍艦島

軍艦島はＴＶ番組や映画の舞台として使われたこともあるのでご存知の方も多いでしょう。長崎県長崎市に属する端島《はしま》のことです。三菱財閥下の炭鉱として19世紀末から開発がはじまり、１９１６年には日本初の鉄筋コンクリート造高層集合住宅、「30号棟」が建てられました。

当時はまだ鉄筋コンクリートの技術は発展途上で、建築学会が材料や型枠の規定を定めたのが１９１３年、市街地建築物法施行細則で鉄筋コンクリート造の構造計算書提出が義務づけられたのは１９２０年のことです。軍艦島の建物には鉄筋の代わりに鋼のワイヤーロープが使われた箇所もあり、試行錯誤しながらの建設だった様子がうかがえます。

30号棟は強烈な潮風を防ぐために中央の吹き抜けを住戸が卍型に囲んでいて、各住戸には６畳間・押入・かまどと流し台のある土間がついて約18㎡でした。

１９６０年代から石油が主要燃料に取って代わり石炭需要が減少、１９７４年に閉山・全島退去してからは無人島となります。その後は風化の一途を辿り、いまでは廃

軍艦島全景。潮風による建物の劣化が著しい。廃墟として人気があるが、高層の炭坑住宅、最初期の積層集合住宅としても珍しい遺構。呼び名の由来となった軍艦の名前が「土佐」（昔の高知の国名！）であるのも、不思議な縁を感じる

軍艦アパートとよばれた大阪市営下寺アパート。「出し家」とよばれる木造の増築部分が印象的

墟マニアの巡礼地となっています。

岸壁が切り立ち、人工の構造物が島全体を覆った形が軍艦「土佐」に似ているところから軍艦島とよばれるようになったといわれています。ただ、寿司にさえ「軍艦」の名を冠してしまうお国柄、横長で上がゴタゴタしていればなんでも軍艦よばわりしているような気もします。

軍艦アパート

軍艦アパートは、大阪市営の下寺町・日東町・北日東町の一群のアパートです。1931年から建てられたこれらの鉄筋コンクリート造アパートは密集木造長屋地区の不良住宅地区改良事業として計画されました。関西で建てられた鉄筋コンクリート造の集合住宅としては最初期のものです。ちなみに関東で有名な同潤会アパートが建ちはじめたのは1925年のことです。この関西のアパートは70余年を経て増築を重ねた姿が印象的ですが、新築のころから「軍艦アパート」とよばれていたそうです。

壁にへばりつくような木造の増築は「出《だ》し家《や》」とよばれ、コンクリートの庇《ひさし》に乗ったり庭に脚を立てたりして突き出しています。市営住宅でここまであからさまに増築がおこなわれる例は少ないですが、「やっちゃえばええんじゃ」的なノリが乱雑な魅力をつくりだしています。

老朽化が進んだこともあり、2007年に取り壊されました。

見た目以上に似たもの同士?

「三大軍艦」の建設時期はまちまちですが、それぞれの地域で鉄筋コンクリート造の積層集合住宅として初期の例だという点が共通です。だからでしょう、鉄筋コンクリート造なのに昔ながらの住まいの型が持ちこまれ、共同の洗濯場があったり玄関が引き違い戸だったり、住戸の中に土間があったりと沢田マンションのおもしろネタのようにいわれることが結構ふつうだったことがわかります。

軍艦アパートに住んでいたおじいちゃんの話です。

玄関が引き戸だと《がらっと開けたら人がおるけど、ドアであれば、片一方はドアで仕切られて、見えない。それでは人のつながりが保てんと》《マンションみな鉄の扉でしょう、あんな鉄の扉の開きちゅうのは、ほかに刑務所しかあらへんやん、な、気分悪いで、あの鉄の扉ひらくのはがっちゃーんって音がするしね、あの音きくだけでいややね。引き戸やとちょっと開いてたら、おーい、いてるかあって声をかけられるしね》(『住宅建築』1997年6月号、建築資料研究社)

ノスタルジーに浸るだけではしょうがないけれど、いまふつうと思われているマンションのつくりや暮らしがホントに気持ちいいものかどうかを考えてしまいます。

南国系マンション

南東の角から沢田マンションを見る。この角度から見ると確かに船っぽい

高知市内に建つ築年数の古そうなマンション。外気に対して開放的なつくり

時代性だけでなく地域の特性からも沢田マンションを考えてみましょう。高知市内にある沢田夫妻とは関係のないアパートやマンションを見ると、築年数の古いものでは共用廊下に対して出入用の掃き出し窓がついた集合住宅をあちこちに発見できます。沖縄や九州では共用部に接したバルコニーから住戸に入る間取りの県営住宅団地もあります。戸外生活の習慣や、夏が厳しい地域では通風を最大限とる必要があったという事情もあるでしょう。

そう考えると、規格品の大量建設や空調設備のハイスペック化によって集合住宅が全国で画一化されてきたのは寂しい気がします。資源浪費が反省されるいま、地域の気候に応じた集合住宅が望まれてくるのではないでしょうか。

5　緑化マンション

「屋上緑化」がもてはやされるはるか前に、独自の「緑化マンション」となった沢田マンション。花咲くマンションとして木々や花々が繁茂するイメージがありますが、緑豊かに覆われる以前の沢マンも調査し、どのように緑化されていったのかを探ります。

花壇つきの手摺りへ

夏の盛りに遠くから沢田マンションを望むと、共用廊下の手摺壁に取りつけられた花壇に茂る緑と背後の山の鬱蒼《うっそう》とした木々とが渾然一体となって、沢田マンションのまっ白な壁との鮮やかなコントラストが眩しいほどです。

各階南側の手摺壁に水平ラインを描いて伸びる花壇は住人が花壇や菜園にしていて、

各階の花壇に植物が生えている

ここが5階とは思えない！　沢田家の住戸前には樹木も茂る

［左］都築響一氏による『ROADSIDE JAPAN 珍日本紀行 西日本編』（ちくま文庫）収録の写真（1997年3月の『週刊SPA！』掲載）では、手摺りが鉄骨だった

［下］花壇を取りつけている途中の全景。右1/3ほどだけ鉄骨の手摺りが残っている

手摺りが鉄骨だったころの沢マン（奥に見える建物）

誰も手を入れないところに力強く根づいたアロエは沢田マンションのしぶとさを象徴するかのようです。

けれど、花壇がついたのはこの10年ほどのこと。それまで手摺りは鉄骨製でした。『ＲＯＡＤＳＩＤＥ　ＪＡＰＡＮ　珍日本紀行　西日本編』（ちくま文庫）に掲載された沢田マンションの写真を見ると、手摺りはすべて鉄骨でスケスケだったので、住戸の生活がまる見えです。「97年3月」という雑誌掲載日が書いてありますから、撮影したのはそれ以前でしょう。

１９９７年11月9日に、沢田マンションの南側に建物が建つ前の記念にと全景を撮った写真を見ると、左側3分の2ほどの手摺りが花壇つきの腰壁になっています。ですから、それ以前は屋上に木が生えているものの、下の方はけっこう殺伐とした環境でした。

ある程度の余裕が生まれてからようやく、「どこの階でも、まるで地上に暮らしているように」という嘉農さんの基本理念が下階の賃貸住戸部分へも拡張され、花壇がつくことになりました。

花壇の出っぱりを腰壁の外側につけるか内側につけるかで「もし外に落ちたら怖い」という裕江さんと「外の方が雨や陽が当たっていい」という嘉農さんとで意見が

分かれたそうです。結局外側につけることになり、せり出した花壇によって水平ラインが強調された外観は確かに特徴的です（27ページ）。ただ裕江さんの言う通り、万が一にもコンクリートの破片が落ちたら危ないので心配なところです。

緑化の試み

沢田マンションに限らず、集合住宅に樹木を取り入れようとする試みは数多くおこなわれてきました。古くは紀元前の古代オリエントにHanging Garden（懸垂庭園）とよばれる屋上庭園があったとも伝えられていますし、近代建築の巨匠であるル・コルビュジエ（１８８７―１９６５）が提唱した「近代建築の五原則」にも屋上庭園が取り入れられました。

日本における建築緑化の大規模先駆事例では「アクロス福岡」（１９９５年竣工、設計：日本設計・竹中工務店、植栽設計：プランタゴ）が有名です。旧福岡県庁跡地に計画された地下4階、地上14階の複合施設で、約８０００㎡の南面する階段状の緑化部分に１１０種類以上の植物が茂っています。土壌の保水能力を高めるため、上部に降って土壌に浸透した雨水が順繰りに一段下の植栽に落ちていくように計画されており、

アクロス福岡。山のような迫力の緑化

[左] 大阪ガスが主体となって計画された「実験集合住宅ＮＥＸＴ21」には豪快に緑が茂る。『ＮＥＸＴ21　その設計スピリッツと居住実験10年の全貌』(『ＮＥＸＴ21』編集委員会編著／大阪ガス株式会社発行、2005) によれば、このプロジェクトに流れ込む≪集合住宅計画のストリーム≫は、≪省エネルギー・環境共生住宅≫、≪人工土地・都市型集合住宅≫、≪住まい手参加・2段階供給≫、≪工業化住宅・システムビルディング≫の4つだった。最後のストリームを「セルフビルド」に置き換えれば、まるでもう沢田マンションスピリッツではないか！　といったら怒られるだろうか？

水やりは基本的に降雨だけで賄われているそうです。

建築家やエンジニアが実験的に取り組んだ集合住宅としては、「実験集合住宅NEXT21」（1993年竣工、設計：大阪ガスNEXT21建設委員会）があげられます。この集合住宅には自由度が高い増改築を、できるだけ廃棄物を出さずにおこなえるような設計上の工夫がたくさんあります。偶然ながら地下1階、地上6階というのは沢田マンションと一緒です。

最先端の知性と大企業がつくりあげたという点で、育ちのよさは沢田マンションと両極端。それなのに、継続的な増改築を許容する包容力のある構造体、テラスや屋上に緑が茂った姿を見ると、とっても親近感を抱いてしまいます。

民間の賃貸集合住宅である「清音閣《せいおんかく》」（2001年竣工、設計：舟橋設計事務所、施工：内野建設、植栽：イケガミ）では各住戸のバルコニーに植栽が施されており、建物全体の形はデコボコです。通常、民間の賃貸集合住宅では収益性を重視するため法律で認められる床面積ギリギリの建物を計画しますが、ここでは建物の床面積を削ってまでバルコニーの植栽への採光や降雨を確保しています。

2007年4月19日にグランドオープンした複合商業施設「なんばパークス」（第1期2003年竣工、第2期2007年竣工、商業棟設計：大林組〔デザイン協力：ジャー

清音閣。各住戸のせり出したバルコニーに木が植わっている

フンデルトヴァッサーハウス

なんばパークス。高コストな屋上緑化に、コスト以上の価値や効果が認められてきている

デイ・パートナーシップ・インターナショナル Inc.」、オフィス棟設計：日建設計）では3～9階におよぶ屋上公園「パークスガーデン」に300種近い約70000株の植物が約5300㎡にわたって植栽されました。大都市に位置する大規模な商業施設で、屋上緑化が空間づくりと集客戦略の大きな柱となった代表的な例といえるでしょう。

画家であるF・フンデルトヴァッサー（1928―2000）がデザインをおこなったウィーンの市営住宅「フンデルトヴァッサーハウス」（1985年竣工）は広く知られた観光名所になっています。画家の強烈な個性をウィーンの街並みへ持ちこむことには賛否両論ありますが、直線を排したカラフルな建物と樹木が馴染んだ佇《たたず》まいはメルヘンチックです。

フンデルトヴァッサーは「建築における合理主義に反対するカビ草宣言」（1958年、翌年一部追加）という文章のなかで近代以降の工業化された建築をこき下ろしながらガウディの建築、ワッツタワーやシュヴァルの理想宮、手づくりの家などを賞賛しています。日本に来たこともあるこの画家がもし沢田マンションを見ていたらきっと気に入ったと思うのですが、いかがでしょうか？

6　大地と一体化した自給自足

屋上に田んぼ！　マンション内の残飯を処理して肥料に。すべてがＤＩＹな嘉農さんが目指したのは、水、食料、エネルギーの究極の自給自足。スローライフとはほど遠い、アナーキーなスピリット！　井戸、屋上菜園、ソーラー温水器などを駆使して自給自足を実践しようとする、その仕組みに迫る！

なにはともあれ水

沢田家は、できる限りの自給自足を実践しています。気負いのない合理的な自給自足生活は沢田家の生き方を如実にあらわしています。その中身を見ていきましょう。

なんといっても一番大事なのは水。もちろん上水は通っていますが、いざというときのために自家製の井戸が掘ってあります。１階の西端に倉庫として使われ普段はシ

沢マンの貯水タンク。かつてはリフトの王冠の上に鎮座していた。中世ヨーロッパのお城のような飾りと相まって、付属のパイプも機関銃のようだ

自力で掘り進んだ井戸

［129ページ］クレーンの上から見下ろすと、右上に見える山の緑と屋上の水田や庭園が渾然一体とした景観が広がる

ャッターがおりている部屋の床に、二人がかりでテコを使わないと動かないコンクリート蓋があり、その下に井戸が口を開けています。基礎をつくるために敷地を掘っていたときに水が出たので、これなら井戸が持てると直感。井戸掘り業者に掘削を依頼したものの、少し掘った時点で業者が危険を感じて仕事をおりてしまいました。

やっと沢田マンションの工事をはじめたばかりでヤル気満々のとき、これしきであきらめるわけもなく夫婦二人で掘り進めることにしました。表層の地盤は緩いため危険な作業でしたが、掘り進むごとに直径・高さとも1m程度のコンクリート管を入れ崩落を防ぎながら必死で水脈まで突き進んだのでした。現在では深さ13mのところに底があり、涌いた水はポンプで地下室の貯水槽に汲み上げます。その貯水槽から再びポンプで圧送された水は南面の屋外の配管を通って屋上の貯水タンクへと辿り着きます。この井戸水はあまり質がよくないので沢田家の雑用水などに使っていますが、濾《ろ》過《か》して煮沸すれば飲用にできないこともなく、菜園への散水にも重宝します。

かつて高知市役所はあまりに多い違法建築に手を焼き、確認の下りていない建物への給水を停止する通知を出したことがあります。危険を冒してまで井戸を掘った背景にはそういう背景があるのかもしれません。

食料と肥料システム

水が確保できれば、次に必要になるのは食料です。屋上には菜園と田んぼがあり、ほかにも果樹が植えられています。残飯や雑草を処理しながら卵を産み肥料を生み出す鶏たちも屋上を走り回っています。また、5階の脱穀機には、6階の畑に籾殻《もみがら》を播《ま》く自作の「籾殻吹上げ機」も装備。これは扇風機を利用しています。

これらの食料生産を支えるのは、5階と6階屋上に入れてある土です。当初は断熱のために入れた土壌は、沢田家が高知の龍河洞《りゅうがどう》近くに持っている田んぼと山林から運びこみました。

そう、どうしたってマンションの屋上だけで自給自足なんてできません。きっと「自給自足ごっこ」になってしまいます。家族1人が1年間で食べるお米を生産するのにすくなくとも耕地が1反（100平米）程度は必要といいますから、屋上だけでは1人分賄えれば大したものです。しかし沢田家はマンション以外に田んぼを持っているので自給が可能です。

また山では柿も採れるので、秋には食べきれない分を敷地入り口の「良心市」で売ったりもできます。その柿で干し柿をつくったり、屋上で採れた稲を干す際には6階

屋上に広がるのどかな菜園と、青空に向かって凛々しくのびるクレーン

採卵用の鶏たち。野菜クズの処理、畑の肥料製造までこなす

沢田家が所有する農地では家族で食べきれないほどの野菜が収穫できる。手前は畑を耕す三女の夫・稔恵さん。平野の向こうに広がる太平洋が壮観

5月の田植えがすんだ屋上の田んぼ

食べきれない果樹や野菜などは、マンション入り口脇の「良心市」で販売

［上］6階が増築される前の屋上風景。畑の向こうにあるビニールハウスでは、収穫後の稲の乾燥などもおこなっていた
［左］地下室にある旧発電機。はずみ車は自作のコンクリート製

の温室を使えば、雨の心配もせず効率よく乾燥できます。

エネルギー源

水や食材を加熱したり、寒い冬に採暖するためにはエネルギー源が必要です。給湯の補助などに用いる低質な熱源としてはソーラー温水パネルが活躍しています。屋上に東向きや南向きに設置されたソーラーパネルである程度まで貯湯することができます。

調理や暖房にも使える高質な熱源には炭が使えます。所有する山林から伐り出した木材を山で炭に焼き、ストックしてあります。冬は日常的に暖炉で使うほか、夏はバーベキューを楽しんだりもできます。住人たち主催でおこなわれるお祭りに提供したり、屋上の池の水を濾過するのに使っても使いきれず、希望者に販売したりもしています。

夏の冷房は電気を使うと大変ですが、屋上に井戸の水を流すだけでずいぶんと涼しくなるそうです。確かに天井を冷やす輻射《ふくしゃ》冷房というのは工学的に効率もよく、エアコンよりも健康的な冷房方式といえます。除湿も一般には電気や化学物質を大量に消

クレーンに吊り下げてもらい撮影。貯水タンクとソーラー温水パネルが見える。その奥の自動車が駐車しているのは地上ではなく、なんと4階！　写真右上に地上の自動車も小さく見える

沢田家の農地近くにある炭焼き小屋

費しますが、沢田家では先ほどの炭で除湿もしています。

そうはいっても現代の生活を送る上では電気も必要。地下に家庭用というには大型すぎる発電機があり、石油こそ買う必要がありますが、非常時に必要な程度の電力は自前で賄うことができるのです。

マンションの造作材

もちろん、マンション自体の材料もできる限り自給しています。さすがに鉄筋や鉄骨、コンクリート材料などは購入していますが、室内改装時の造作《ぞうさく》に使う材料も所有する山から調達して、沢田マンションの5階で製材します。木工所もあるので、角《かど》をとる面取りや曲線カットだってできるんです。沢田マンションの住戸内にある傘立てや造作ベッド、キッチンの棚などもここでつくられます。

沢田家の人たちは、自宅で使う椅子をつくるのなんて朝飯前。子ども用の椅子は脚を長めにつくっておき、子どもの背が伸びてくると木工所に持ってきて脚を徐々に短くしていくのです。なんて合理的！

マンション内の木工所でつくられた室内の造作。曲線加工などもあり、芸が細かいのが特徴

5階の製材機。乗りこんで操作する

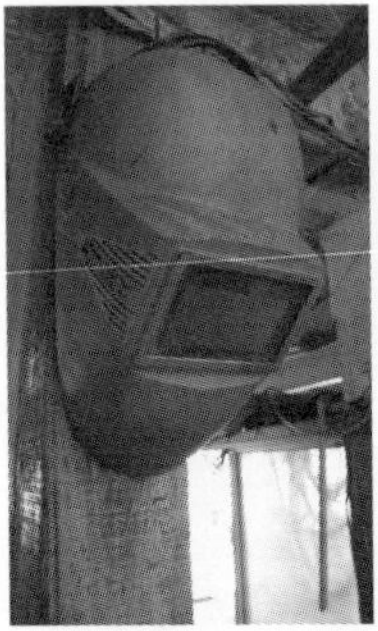

5階の作業所にある道具たち。マンションのメンテナンスに必要不可欠。木工機械だけでなく溶接用マスクなども見られる。これらすべてを使いこなして一人前！

自家製コーヒーを焙煎するための手づくり焙煎機。農業機械の可変速モーターとバーベキュー用のコンロ、漏斗やクローゼットバーの受金物などでできている。娘婿の守也さんがつくった

通信系だって確保

いざというとき、外部と連絡が取れなければ陸の孤島です。というのも薊野周辺はもともと低湿地で、台風に襲われたときなど大きな洪水が起きることがあるからです。台風の風で電話線だって切れてしまうかもしれません。

そんなときはきっと沢田夫妻の次女・幸子《たかこ》さんの伴侶、守也《もりや》さんが頑張ってくれます。アマチュア無線を駆使して、しっかりと救援を求めてくれるでしょう。

でも台風や洪水だったら、間違いなく沢田マンションは救援される側じゃなく救援する側でしょうね。

7　柔らかなテクスチャー

沢田マンションの魅力は全体写真ではわからない！　高知まで見学に行けないあなたに、独特の「手触り感」や「テクスチャー」を、アップ写真で解説します。

植物系

沢田マンションといえば緑に覆われた建物だという印象があります。主張の強い植物に目を奪われますが、目線を低くしてよくよく見まわしてみると、もっと小さな役者たちによって醸し出される空気感も重要なことに気づきます。

屋上の田畑や共用廊下の花壇のように定められたところで繁茂する従順な植物たちがいる一方で、そんな場所から外れて誰にもかえりみられず生えている雑草や苔たち。多くの人が行き来するスロープの片隅、砂が溜まったコンクリートの隙間や陽の当た

［上］苔類に覆われた北側壁面。白い壁に緑の苔が映える
［左］スロープでもコンクリートの裂け目を目ざとく見つけて雑草が生える

5階屋上庭園の雨水が
滴ってくる階段

[上左] 通路の床に残るタイル
[上中] 通路壁面にも屋内の痕跡
[上右] モルタルスロープの滑り止め
[下左] 居住者が埋め込んだ貝
[下中] 砂利が露出したスロープの床
[下右] 陽の光に浮かび上がるラフな
仕上げ面の陰影

らない湿った場所を目ざとく見つけて生えています。誰に気にされるでもなく、細々と点から面へと広がり、沢田マンションの肌理《きめ》を柔らかく整えています。

現代建築のキッチリと施工され草一つ生えないコンクリートが緊張感をみなぎらせているのに比べ、沢田マンションのデコボコで緑の有機物に点々と覆われたコンクリートのテクスチャーには思わず懐かしさのような親しみを感じてしまうでしょう。まるで沢田マンションそのものが有機物で、生命力を持ち合わせているような気さえします。

無機質系

植物ばかりでなく、コンクリートやタイルといった無機質な素材が手触り感を醸しているところもあります。

ザラザラとしたコンクリート床に取り残されたタイルや、壁のタイルが部分的にはがれて触感のコントラストが感じられる場所。

段差を解消するモルタルに滑り止めの溝が刻んであったり、居住者が自分の好みで貝を埋めた床には思わず触れてみたくなる手づくり感があります。

風雨にさらされて砂利がむき出しになったスロープの地面。もしかしたら滑り止めにわざとこのように仕上げたのでしょうか？

壁を補修した部分に舐めるような陽の光が当たると、そのときだけの光と影のコントラストがラフなコンクリートの感触を浮かびあがらせます。

実際には硬いものばかりなのに、その揺らいだ形が柔らかさを感じさせるテクスチャーです。

水分系

北側の通路や地下空間は、なんだかいつも湿っています。よく陽の当たる南側でも、常に水が流れるところや水はけの悪いところはジットリしがち。そんな、湿度が醸成するテクスチャーが水分系。しっとりというよりはペタペタとしたこの感触も沢田マンションならではの味わいです。

8　管が媒介する多様なイメージ

建物の中を縦横無尽に走り回る管。「工場好き」の方も必見の沢マン配管ですが、ここでは建築と管との関係も考えてみました。工場とも違ったグシャグシャな配管がキレイさっぱりなくなったら、それはもう沢田マンションじゃないっ。

まる見え配管

部屋の中はもちろん共用の廊下や外壁にも、さまざまな種類の配管や電線が微妙な曲がり具合を描きながら取りついています。工場などの無駄がない直線的な配列と違って、行き当たりばったり感がまる出しのうねり方です。これらの配管をすべて取り去ってしまうと、おそらくそれだけで沢田マンションの印象が大きく変わってしまうのではないでしょうか。

それほどまでに確固とした存在感がありながら、どちらかというと脇役に徹している彼らにスポットライトを当ててあげましょう。

建物と管の関係

沢田マンションの配管たちを紹介していく前に、ふつうの建物と管の関係を振り返ってみます。

建物を機能的で快適な空間として成り立たせるには、さまざまな物質やエネルギーを供給・排出する必要があります。蛇口から水が出て、使用ずみの水は排水口から流れ出ます。調理コンロのツマミをひねればガス管を通ってガスが出て、スイッチを押せば電線を電気が伝わってきます。エアコンだって室内機と室外機を繋ぐ冷媒管を通じて熱エネルギーを流しているのです。

これらの多くは樹脂パイプや金属管、電線など管状の経路を伝って行き来しています。人間でいえば血管や消化器、気管支などでしょうか。

建物の文化はこれらの設備配管を隠す方向で発展してきた面があります。正統な建築文化を継承する人々にとっては、建築空間は人間の意志によって制御さ

共用廊下は、さまざまな種類の配管でごった返している。見た目はともかく修理はしやすい

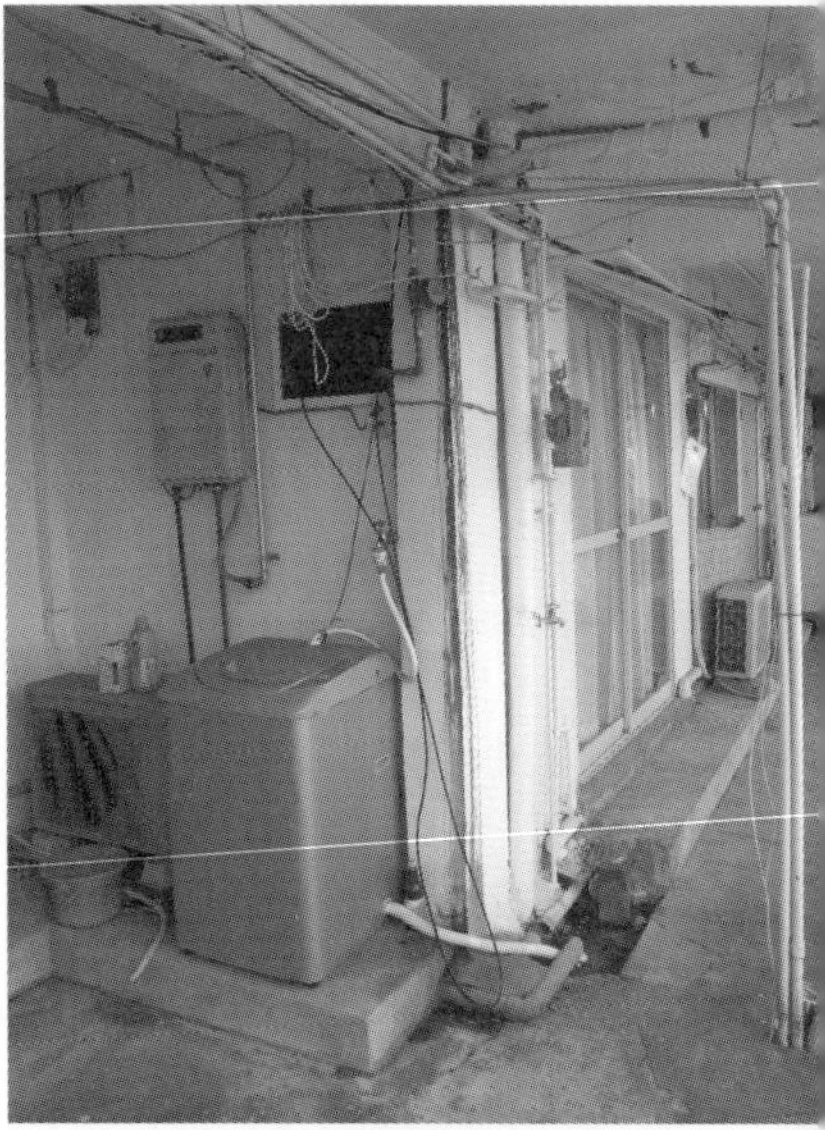

「サヴォワ邸」。近代建築の旗手、ル・コルビュジエが設計して1931年にフランスのポワッシーに建設された住宅。モダニズム建築の記念碑的作品のひとつ

製作中のエイリアンの頭部。グロテスクな表現と管は相性がよい。エイリアンの側頭部に、灯油ポンプらしきものが使われていることが確認できる

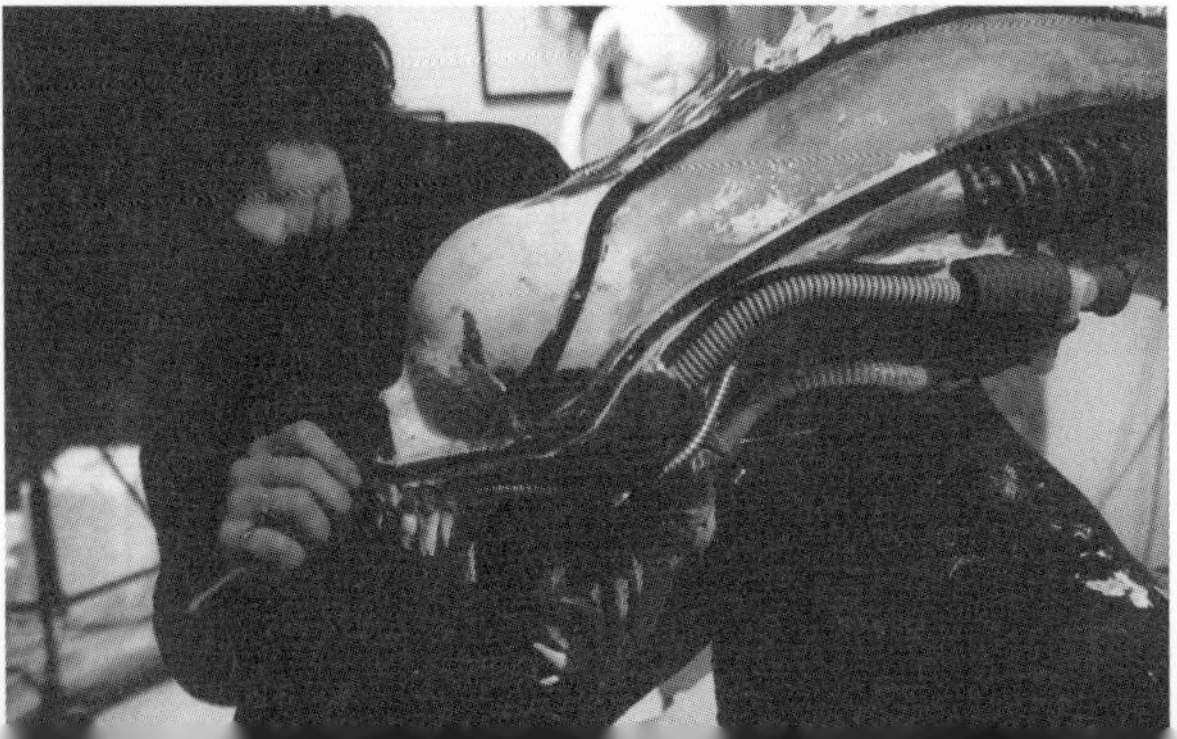

れた安全で美しい空間であってほしいものです。とくに20世紀に入ってからは建築空間を純粋な面と線で表現しようというモダニズム建築が世界中を席巻したこともあり、生々しく曲がりくねり不完全さを象徴するような管の束なんぞはもってのほか、できるだけ目に見える空間から排斥されました。モダニズム建築とはまったく傾向の違うガウディの建築だって、壁はグニャグニャしているけれど電線や雨どいでゴチャゴチャしているわけではないでしょう?

そのような建物は、かえって管の侵食に脆弱な面もあります。新築当時に想定できなかった設備が後の時代に必需品となり、そのために必要な配管を隠しきれずに露出させてしまうということはよくあります。古くは電線やエアコン、近年では防火や防犯設備などがわかりやすい例でしょう。端正さや完全性こそがウリである建築にとっては致命的ですが、そのような例は街中でいくらでも発見できます。ビシッとディテールの納まった建築からエアコンの冷媒管がはみ出した様子には、美人さんから鼻毛が出ているのを見つけてしまったようでガッカリします。

逆に最初から大雑把な建物や人では、そのような管や毛が多少はみ出ようとビクともしない貫禄や愛嬌を持つ場合があったりしますよね。そういった神経の行き届いていない建物や人には、どこかホッとする安心感を抱きます。

管のメタファー

暗喩としての「管」はさまざまな表現のシーンで用いられています。細やかな描きこみとストーリーのコミック『ＡＫＩＲＡ』（大友克洋、講談社、１９８４）はいまだに色褪せないＳＦ漫画の名作です。ここでは背景からキャラクターにいたるまで、管が効果的に描かれていました。

登場人物が機械と一体化して肉塊のような身体から管（コード）をプラプラさせている場面はグロテスクで印象的でした。背景の管に注目してみると作者の空間に対する観察力や表現力に驚きます。管の描き方で、そのシーンの空間が持つ性格が描き分けられていました。

リドリー・スコット監督の初期の名作でＨ・Ｒ・ギーガーがクリーチャーデザインをした映画『エイリアン』では、生物・機械・空間を媒介する要素として管が効果的に使われています。機械っぽい生物や、生物の腹中にいるような空間といった表現に管が果たした役割は絶大でした。エイリアンのボディパーツに日本製灯油ポンプが使われているそうですが、工業製品をそのまま転用しているのに生物の一部に見えてしまうというところに管の持つビジュアル的な特性が端的にあらわれています。

生物以外にも「管がたくさんあってアジアっぽい」といった見方、「工場や土木構築物っぽい」という連想もあるでしょう。実際、私は配管が乱雑に走り空気がちょっと湿った地下鉄のホームにいると、ふと沢田マンションを思い出したりします。

かつて沢田マンションに住んでいた友人が「きっとボタン一つで宇宙船になる」とか「轟音をたててロボットに変身する」などとSFな妄想を抱いてしまった気持ちも少し理解できる気がするのです。

管たち紹介

こんなにアナーキーな配管にも一応メンテナンスのしやすさという理由があります。これらの管は概して建物本体よりも寿命が短いため、何かトラブルが起きたときに外部から様子が確認できるというのは確かに利点です。排水管をコンクリートに埋めこんでしまった部分で漏水が起こったときに、対処できず困った経験にもとづいているそうです。

それではゴチャゴチャとした「管」をひもといて順番に見ていきましょう。

[左] 共用通路のまん中に立つ配水管。中間にある分岐は掃除用のものだろう。たくさんある配水管の中には、写真のように植物に覆われているものもある
[右] 雑排水は地上の溝に注ぎこむ

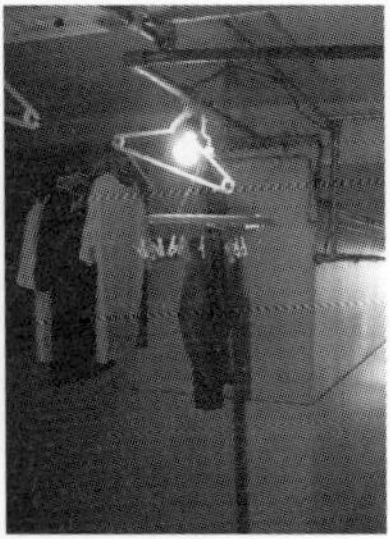

[左] 溝に注いだ水は敷地前の水路に流れこむ
[中] 物干し竿として利用される管
[右] ガス管にまとわりつく電線類。アサガオと支柱のような関係だ

排水管

管のなかでも太くて目立つのは排水管です。排水は屋根などに降った「雨水《うすい》」、台所や洗面所などから出る「雑排水《ざつぱいすい》」、トイレの排水である「汚水」に分類できます。

道路側に見える主だった排水管は「雨水管」です。雨水は地上階で敷地内の溝に流れこみ、敷地前面の水路に放水されています。

汚水と雑排水は最終的に敷地南東に設置された浄化槽に集められ、処理された水が敷地前面の水路に流れ出ます。浄化槽にはメンテナンス業者の検査印があり、定期的な管理のおこなわれる正式なものです。

ここで専門家の方は、幅70mもある建物の端っこに浄化槽を設置して、はたして汚水を勢いよく流すための十分な勾配がとれるのか不安に思うでしょう。残念ながら不安は的中、勾配が足りないためにときどき途中から噴出します。想像するだけで壮絶な光景ですから想像するのはやめましょう。

上水を各戸に送っている給水管は主に直径3センチ程度の塩ビ管です。ときどき物干し竿の代わりになったりもします。

ガス管

フニャフニャした連中が多い管のなかで珍しく筋の通った堅い生き方をしているのは金属製の「ガス管」です。ガス工事は免許制でもあり、プロパンガスタンクやメーター、ガス管の設置は専門業者がおこなっています。

電線

他人の支えなしには目的地に辿り着けないのは電線たちで、ガス管や給水管に絡みつき、壁に金物で固定してもらいどうにか直進しています。

電力はやや太め、1・5㎝幅ほどの扁平なエフケーブルとよばれる電線です。主に建物北側で電信柱の送電線と接続され各住戸へ向かいます。道路側であやとりのように空中を渡っているのは電話線で、建物の各アンテナからはTV用のケーブルが出ています。近年ではLANケーブルが仲間に加わりました。

局所的なものとして湯沸かし器からの給湯管、エアコンの冷媒管なども随所に見出

[上] 共用廊下でHUB接続されるマンション内LAN

[右] 電話回線を一括して制御する設備がないため、個別に電話線を引く必要がある。前面の電信柱から各戸に繋がる電話線が、まるでマンションとあやとりをしているかのようだ

せます。

このような包み隠すことのない乱雑さを汚らしいと感じる人がいる一方で、この気取らなさやライブ感が沢田マンションの魅力だと感じる人もいます。

住んでいる方から、最初は管だらけであることに違和感を覚えたものの、そのうち慣れてしまったという話もうかがいました。この乱雑さにイライラするか、あるいは馴染んでしまえるかが沢田マンションに住むときの最初の試金石になります。

9 考古学的視点で楽しむ改造の地層

増築遍歴ばかりが目立ちますが、沢田マンションの歴史は同時に減築の歴史でもありました。削られて改造された空間の痕跡がいたるところに残っています。化石を愛でるように、その痕跡を探ってみましょう。

「減築」先取りマンション

近年、「減築」という言葉が市民権を得ています。建物を改装するときに床面積や壁などを減らして耐震性能や居住環境を向上させようとすることです。

また、大きな話としては都市政策のキーワードとしても使われます。

沢田マンションの変化を支える原動力は嘉農さんのインスピレーションだけでした。

敷地から得られる最大の床面積と収益性、といった不動産開発業の発想ではないので、インスピレーションを実現するために邪魔な部分、つくってみたけど気に入らない部分は躊躇なく壊したり塞いだりしました。ごく自然に「減築」を先取りしていたのです。

さらされた室内の切ない痕跡

そのため、不要と判断されて削られた空間の痕跡がいたるところにあります。かつて室内だった部分が共用部に露出している場所がわかりやすい事例でしょう。南側のスロープを3階で右折すると、建物を南北に貫通する通路になっていて、貫通部分は駐輪場になっています。この通路を抜けると、さらに上に行くためのスロープがあります。

脇の柱を見ると通路に不似合いな100㎜角のタイルが貼られていて、白いペンキで塗りこめられています。部分的に剝落したタイルの痛々しさが、周囲と同じ白に塗られることでいくらか和らいでいるようです。

並びの住戸の間取りから想像すると、おそらく台所だったのでしょう。自動車で5

［右］通路の床に貼りついたタイル。装飾としてのタイル貼りではなく、もともとの玄関だった名残りか？
［下］室内仕上げのタイルが外部にあらわれている柱

第２工期部分の謎の多いエリアの過去の姿。現在、ここは部屋になっている（都築響一『珍日本紀行　西日本編』［前掲］より）

階まであがれるスロープをつくるために、この台所があった住戸はぶっ壊されました。

かつて人が住んでいた息づかいを感じるインテリアが外部にさらされていると、なんだか切なくなります。100㎜角のタイル自体は外装にも使える素材ですが、しかし、そこがかつて台所だったという気配に気づくと、ただのタイルに思えなくなってしまうのは不思議な感覚です。

以前、私が3歳から暮らした家を建て替えのために壊すのを見ました。外壁が破れ木材がむき出しになり、残されたキッチンやクロスの貼られた内壁が見えると、いたたまれない気がしたものです。いままで何度か引っ越しましたが、それぞれの家の空気や光、匂いは、そこで暮らした時間の記憶と一体化して、意識の底に染みこんでいます。だから、というのはおかしいけれど、逆のことも起こるような気がします。人が暮らした空間からは、室内に染みこんだその人の意識が空気や光、匂いになって少しずつ放出されているんです、きっと。

真ん中あたりは「化石」の宝庫？

同じく3階の真ん中あたりにも、建物を南北に貫通する通路があります。ここでは

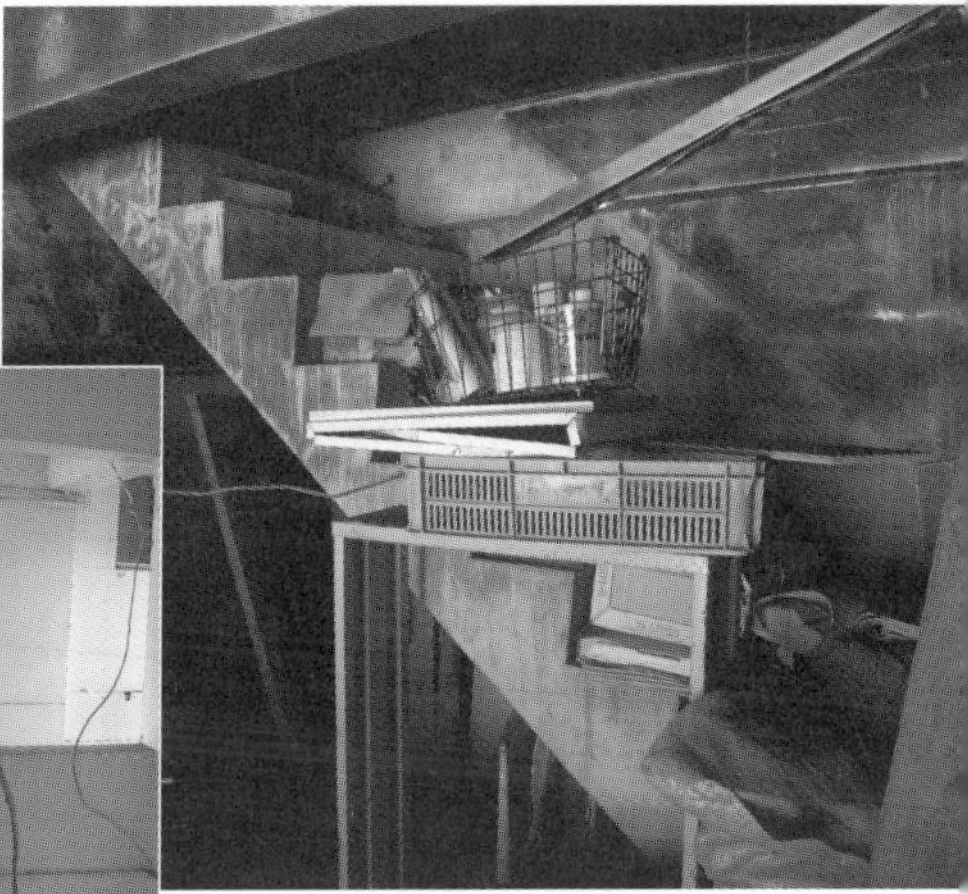

上が塞がってのぼれない階段。機能が失われ、形態だけが残った……。トマソン？

中廊下の花壇

建物南西には、かつての螺旋階段跡が残っている

地下に残る階段の痕跡

床面にタイルが貼ってあり、途中で色が切り替わっているのが思わせぶりです。南側の通路に面した床だけがタイル貼りであるなどの点から考えると、かつては玄関だったのでしょうか。けれど周りの間取りを見ても、ここにどう住戸が入っていたのかよくわかりません。

この第2工期部分のセンターエリアは謎の多いところです。1階では北側の通路がこの部分だけ区切られており、地上階と2階を繫ぐ階段が塞がれています。2階では珍しく廊下がL字に曲がります。そして3階には先述のタイル以外にも不思議なものがあります。2階から3階の中廊下に上ってくる階段脇に、陽も当たらないのに花壇がついているのです。しかも丁寧に散水用の蛇口まで設置されています。

前掲の『珍日本紀行 西日本編』や「探偵ナイトスクープ」を見ると、このエリアに現在はない階段室がありますから、この近辺は大胆な改造が重ねられてきたようです。

南西の角には5階に通じていた螺旋《らせん》階段跡があり、地下にはかつて南面道路側から地下におりていたころの階段跡が残っています。まだまだ謎の、あるいは意味不明な痕跡があるので、ぜひ自身の足で発見を楽しんでみてください。

現在は住民が作成した「沢田マンション見学の心得」という看板があるので、そこに書いてある注意事項を守って廻るようにしてください。

10　地下空間と建物の成り立ち

地下室は、建物の第1〜3工期にほぼ対応した三つに分かれています。これらの地下室は機能や要素が少ない分、建物そのものの成り立ちをうかがい知ることができます。

なぜ地下室があるのか?

丈夫な建物をつくるには頑丈な基礎が必要です。そして基礎を支える地面（支持地盤）は固くなければいけません。

高知市中心部は鏡川《かがみがわ》や久万川《くまがわ》の運んできた土砂が堆積してできた沖積《ちゆうせき》平野の上にあって、建物を支えるための固い支持地盤層は深いところにあります。だから市内の大型建築物の多くは数十メートルの深さにある支持地盤までとどくよう基礎杭を設置し

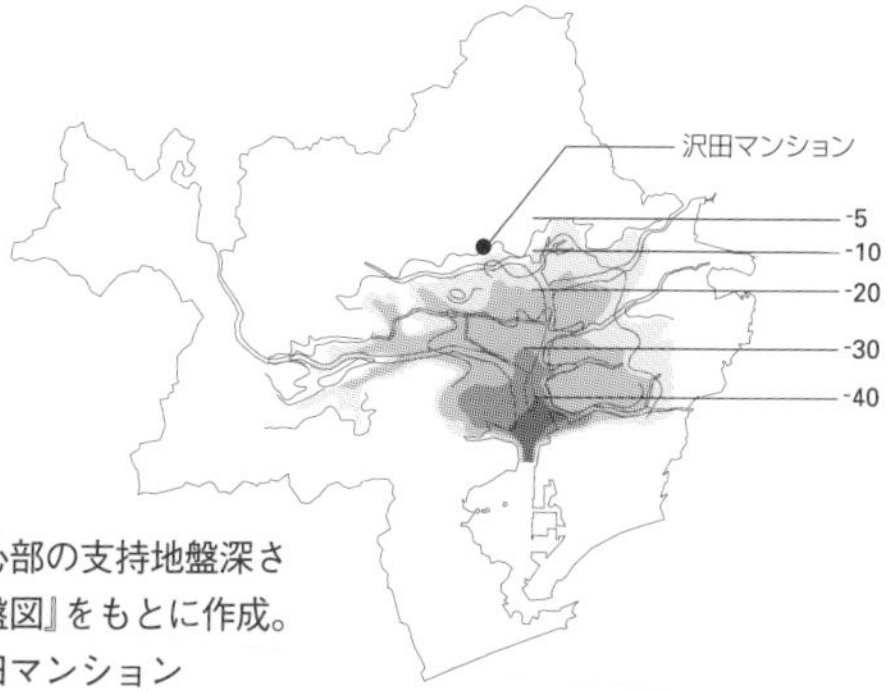

高知県高知市中心部の支持地盤深さ概略図。『高知地盤図』をもとに作成。図中の黒点が沢田マンション

地下駐車場におりていく軽自動車とスロープを登る人。地下駐車場への入り口は車幅だけでなく、覆いかぶさるスロープの高さもギリギリな難所だ

ています。

けれど沢田夫妻が工事をはじめてから最初におこなったことは杭打ちではなく、敷地全体を掘り返すことでした。「敷地を掘っていけば、いつか固い岩盤にあたる、そうしたら、そこに直接基礎を設置すればよい、基礎杭よりも確実だ」と考えたのです。掘ってみると3、4mで固い地盤が出てきたので、厚さ30cm程度のコンクリート基礎をつくりました。

基礎はできたものの、せっかくここまで掘ったものを埋め戻すのは惜しい。そこで天候にかかわらず使える作業用の地下室をつくり使いはじめたのが、この空間の由来です。

風水と地盤の関係?

ここでひとつ疑問が浮かびます。地盤工学の専門家でもない沢田夫妻が「固い地盤」といったところで本当に大丈夫なのでしょうか。

『高知地盤図』(高知地盤図編集委員会、社団法人高知県建築設計監理協会、1992)によると、沢田マンション周辺の支持地盤は「扇状地性《せんじょうちせい》砂礫層《されきそう》」の一種で、《標準貫入試験の結果（N値）が20～25以上の非常によく締った地層であるため、その上にかなりの荷重を支える力を持ち合せた地層》だそうです。沢田マンションの敷地では支持層上面が海抜-5m未満なので、「敷地を数メートル掘ったら岩盤が出た」と嘉農さんが言うのはこの砂礫層だったのでしょう。地盤はどうやら信頼してもよさそうです。

沢田夫妻は、風水でいう四神相応の地であるということで現在の敷地を決めました。その要件の一つが北に山のある土地ということなのですが、山が隆起しているということは固い地盤が地表近くに出てきている場所である可能性も高いのです。

地下への入り口は三つある

地下へ入る経路には南側のスロープ、リフトの下にある階段つきスロープ、北東の隅にある小さな階段の3通りがあります。

自動車は南側のスロープからおります。車幅ギリギリで、軽自動車でも身動きがとれなくなることがありますが、テクニックしだいで中型車も出入りできる寸法はあります。裕江さんが言うには「この程度のところを通れん人に免許証をあげちゃいかん」とのこと。

［左］南側のスロープ入り口
［中左］リフト下の階段つきスロープ［中右］北東隅の小さな階段
［下］この急なカーブを見よ！右が入り口。左が駐車場

地下には使えそうなアルミサッシがストックしてある

駐車場になっている、真ん中の地下室

コンクリートで覆われていない石混じりの土がのぞく

東の地下室全景。新旧の大型発電機が並び、展示室のようだ

地下室から地上へのスロープを見た正面の壁上部が凹《へこ》んでいますが、着工当時は地下への降り口がこちらにありました。その名残がこのような形で残っているのです。

西の地下室

最初につくられた西側の第1工期部分は倉庫になっていて、北西隅にはコンクリート製の貯水槽が設置されています。この貯水槽は外形寸法から推測しておよそ20㎥の容量があります。

貯水槽の手前にはコンクリートブロックでできたかまどのような作業コーナーがあり、北東コーナーはアルミサッシが収集されたストックスペースです。

工事の最初期ということもあってか、部材の接合部や組み立て方に不慣れな様子がうかがえます。

真ん中の地下室

第2工期部分の地下室は駐車場になっていて、裸電球の1列に並んだ光と天井に開いた穴から射しこむ太陽光のコントラストが印象的です。

ここでは地上の住戸割りからはわからない柱のピッチがよくわかります。センターの車路部分は柱芯《はしらしん》で2間半（4・5m）程度あり、それぞれの車庫幅は約2間半ピッチで並ぶ柱の半分です。

東の地下室

第3工期部分は床面がさらに1・5mほど低くなっており、自家発電機が置かれています。天井面は前面道路よりも高く、その段差を使って高窓が開いているので、あまり暗さは感じません。

非常用の発電機に繋がる、いまにも絡みそうな電線のほか目立つものはなく、天井には梁《はり》と、敷地東端にある汚水処理槽に向かって走る排水管が見える程度の非日常的な空間です。

地上出口脇には、コンクリートで覆われずに土が顔をのぞかせています。パワーショベルを使ったとはいえ、二人でこの石混じりの土を地下室分すべて掘ったのだと思い起こすと、広々とした空間にずっしりとした凄みを感じます。

地下へのスロープからリフトを望む。
手前の柱と梁の接合部がアクロバティック！

11 沢田式工法を探る

工学的な計算とは馴染まないセルフビルド建築、沢田マンション。その骨組みは一体どうなっているんだろう?

構造強度は……?

セルフビルド建築の沢田マンションは構造力学的に十分な強度を持っているのか?とても気になりますが、建築士とはいえ建築構造計算の専門家でない私に、この疑問への明確な答えを出すことはできません。専門家が検討しようにも工学的な構造計算にもとづく設計ではなく、また試算しようにも建物の強度というのは表から見えない部分の材料や組み立て方、品質や精度によって大きく変わってしまうので、信頼性のある数字を出すことは不可能です。

ここでは数字としての強度をはじき出すことはあきらめて、沢田マンションがどんな骨組みで成り立っているのかを探ってみたいと思います。

第1工期〜第3工期で工法が進化

沢田マンションの工事が、大きく3期に分けて西から東に向けておこなわれたことは前に書きました。嘉農さんも、こんなに大きな建物を建てるのははじめてだったので試行錯誤の連続だったでしょう。そのため、第1工期〜第3工期では骨組みの考え方がちょっとずつ進化しています。順番に見てみましょう。

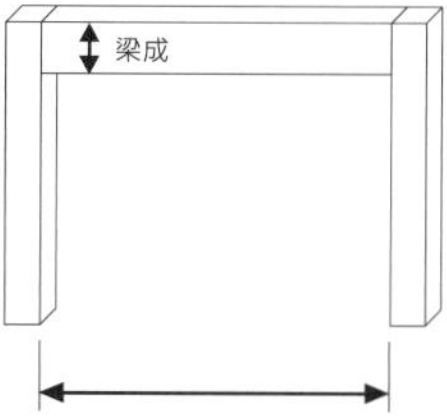

スパン：柱間の距離
梁成：梁の高さ

第1工期部分　立てられる鉄骨の長さで階数を決める

第1工期部分ではH型断面の鉄骨、H鋼を立ち上げて柱としました。柱の長さは12m。継ぎ目のない通し柱に使う材料の長さで、最初につくるのは5階までとなりました。すべてを目視で確認できたわけではないですが、東西の長手《ながて》方向には約2間（3・6m）ピッチ、南北の短手《みじかて》方向は約2～2・5間（3・6～4・5m）ピッチで柱が立っているようです。これだけを見ればかなり高密度です。ただし地下の柱を見ると東西方向は四間ピッチなので、その間の柱は1階の梁の上に載っていることになります。

柱とH鋼の梁を現場溶接で繋ぎ鉄筋を巻いた後、コンクリートを流しこむための木型である型枠を組んでコンクリートを流し入れます。さらに梁上面を底として型枠を組み、鉄筋を縦横に配置して交点を針金で結んでコンクリートを流しこみ鉄筋コンクリートの床版《スラブ》がつくられました。

「梁成《はりせい》とスパンの関係は考えちょる」と嘉農さんは言っていました。一般にスパン（柱間《はしらま》）の距離が長くなると、梁には大きな部材が必要になるのですが、嘉農さんの「考えちょる」とは計算をすることではありません。経験にもとづく勘で適切（？）に判断したということです。

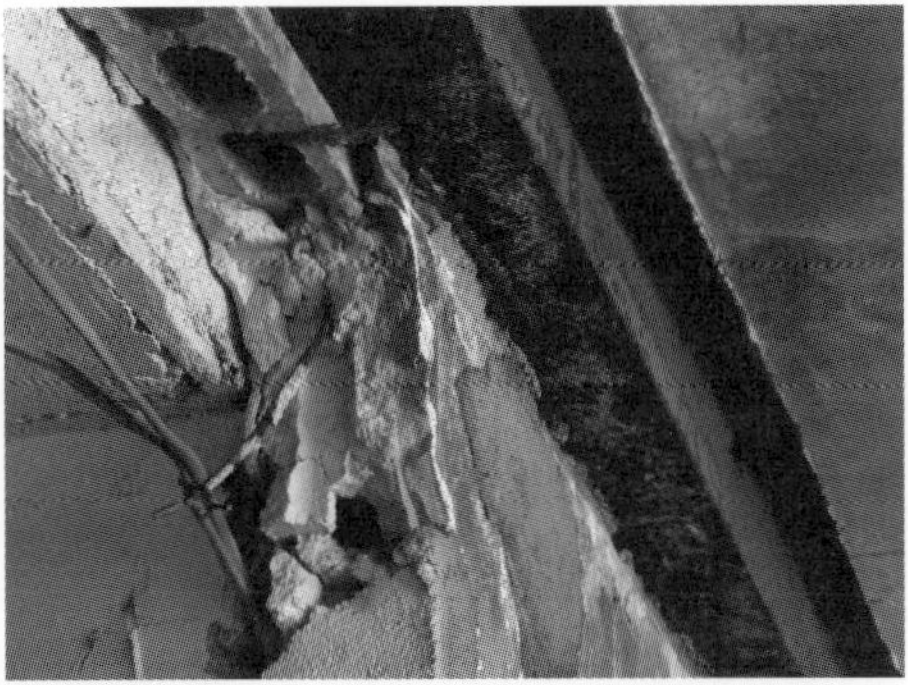
鉄骨の梁の脇にコンクリートブロック造の壁が立っている

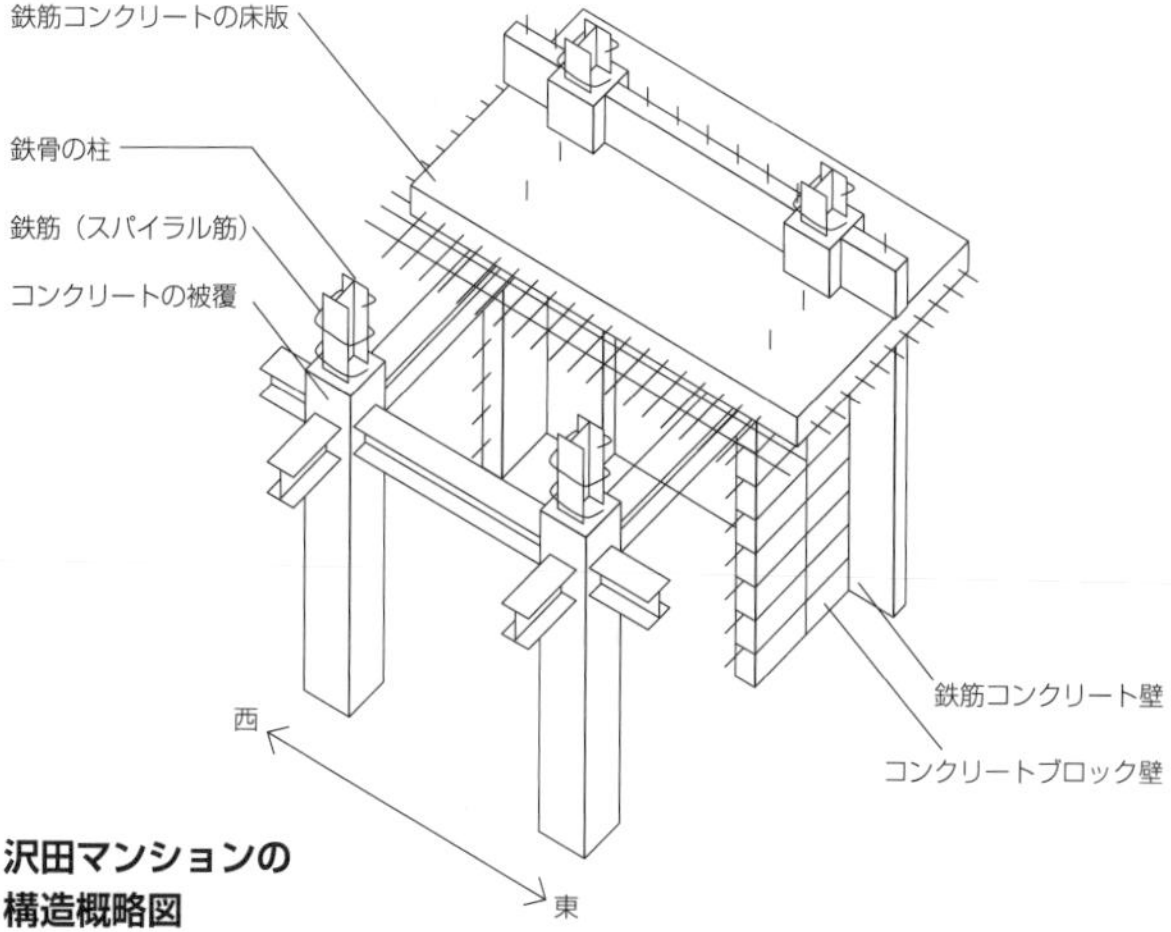

沢田マンションの
構造概略図

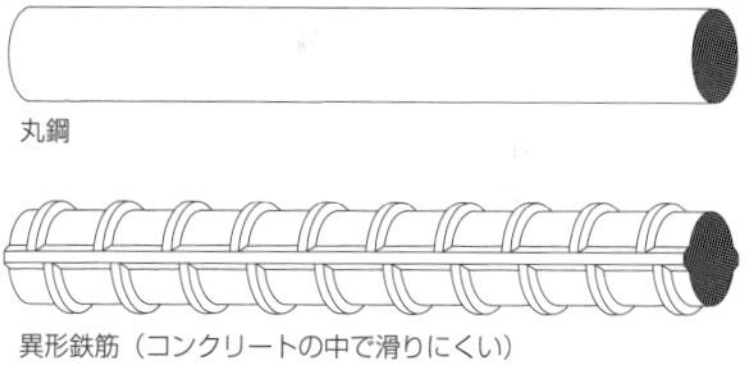

鉄筋コンクリート造に使う鉄筋には、ツルツルの丸鋼とデコボコの異形鉄筋がある。沢田マンションでは基本的に異形鉄筋を使用している

住戸間の南北方向の界壁《かくへき》は、鉄筋コンクリートあるいは内部に鉄筋が配筋《はいきん》されたコンクリートブロックでつくられていて、H鋼の梁の脇で上階の床版としっかり固定されています。

嘉農さんいわく、「これなら、梁が腐っても（サビても）もつじゃろ」とのこと。えっ、鉄骨がサビていいの?! と思わず突っこみたくなるところですが、夫婦での作業だったことを考えると鉄骨の梁は上階の床を効率よくつくるための支えや足場も兼ねているということでしょう。また、壁に垂直方向の強さを期待していることがうかがえます。

全体としては東西の長手方向が鉄骨鉄筋コンクリート造の柱と鉄骨造の梁でできたフレームによる柱梁《ちゅうりょう》構造、南北の短手方向が丈夫な耐力壁を主体とした壁構造に近い構成といえます。

柱梁接合部が長手方向の水平力に耐えるだけの強度と粘りを確保できているかという点が強度上の鍵となります。

第2工期部分　ボルトで確実に

第2工期部分では柱の鉄骨断面寸法が大きいものに変更され、柱と梁の接合部がボルト締めになりました。基本的な組み合わせは第1工期部分と同じです。「現場溶接だとムラがあるから」ボルト締めに変えたということです。

第3工期部分　重量計算をして角型鋼管の柱に

第3工期部分の骨組みは、それまでの部分と異なる点がいくつかあります。第一に沢田夫妻の知り合いである「N建設」が「重量計算」をおこないました。第二に柱の中に入っている鉄骨が「H型断面」のものから、急激な変形が起こりにくい「ロ型断面」のものに変更されました。そして第三は、鉄骨柱の周りに柱と平行の鉄筋と、それを周りから巻く鉄筋の両方を取りつけてからコンクリートで固めていることです。これは一般的な鉄骨鉄筋コンクリート造とほぼ同じものだといえます。

南スロープの支柱は「塩ビ管コンクリート造」

南側のスロープの3階部分を支えるゴツい柱は、かつては華奢な柱でした。じつは

水とホースでつくった水平機。ホースの両端で水面の高さが同じになることを利用して高低差を計測する

柱の鉄骨と梁の鉄骨の接合部。ここの粘り強さが大事

［左］昔のスロープ柱。華奢な円柱だった
［下］鉄筋を巻き、コンクリートで補強工事
［左下］現在の柱。角柱になった

この柱、塩ビ管にコンクリートを充塡した掘っ立て柱でした！　近年、ジャッキアップして基礎をつくり、鉄筋を巻いてから外側をコンクリートで固めて角柱に進化した。

一見似たもので鋼管にコンクリートを詰める工法があります。それは塩ビ管コンクリートの柱とは異なり、優れた強度を持ちます。

手摺りの上に柱が……

北側のスロープは鉄骨の上に波型の鉄板であるデッキプレートを置き、その上にコンクリートが乗っています。

この北側の通路・スロープは後づけで、表の道路から見えないためか、けっこう強引な部分もあります。

なかでも冷や汗モノなのが、コンクリートの手摺りに乗っかった柱です。芯の鉄骨はまっすぐ通っているのでしょうが、さすがにこれはアクロバティックすぎ。

鉄とコンクリートの強度を信頼していることのあらわれともいえるでしょうか。

手摺りの壁にのった柱

つくりやすさの追求

全体として見ると鉄骨や塩ビ管といった材料で作業のよりどころとなる芯や外殻を先行してつくっていることがわかります。

サビてもいいという鉄骨の梁が工事の足場や型枠の支えを兼ね、強度がほとんどない塩ビ管も、そのままツルツルの仕上げになります。作業効率を上げ材料を有効に使うことは夫婦でセルフビルドを進めるために必要不可欠な工夫だったでしょう。嘉農さんのベースにある感覚が木造の柱梁による構造なので、棒状の部材を組み立てて建物をつくりたいという感覚があったかもしれません。

工夫と気合いで踏ん張れ１００年マンション

沢田マンションの構法は建築工学的な常識からすればむちゃくちゃな部分がありまます。

かたや建築の構法と工学の関係について、独創的な木構造設計者である稲山正弘氏が面白いことを書いているので、少し長くなりますが引用してみましょう。

《木造は先に大工が発展させてきた構法があって後から工学が追いついた技術です。そこが木造の面白いところで、今でも町の発明家みたいな工務店の大工たちが日本中で新しい耐力壁や接合方法やらを創意工夫し構法がどんどん発展しつつある》《木造的な考え方でやっていたらRC（鉄筋コンクリート造）やS（鉄骨造）は今ごろもっと多様な構法が発展していたのでは、とさえ思います。》《世の中のいろんな人たちに工夫する余地を与えてつくらせ、合理的なものが自然淘汰で残る、それを後に工学で理屈づけ体系化する、というダーウィン的な発展のほうが工学制御型の発展よりも環境や社会の変化に順応しやすいんじゃないでしょうか。》（『新建築』２００1年8月号、新建築社、括弧内は引用者による）

日本の地震事情を考えると建物の「自然淘汰」とは人命に関わることなので、安易な挑戦を制度的に認めてしまうことはできません。しかし稲山氏の言葉からは、建物をつくるという、かつては生活のなかにあった行為や知恵が、現在の日本ではそこで住まい働く人々からははるか遠いところに離れてしまっている現状にも気づかされます。《町の発明家みたいな》沢田嘉農さんが工夫してつくり上げた沢田マンションでは我流の構法を用いながら、住まうこと、つくることを一体化してきました。

強度についてはきちんとしなければなりませんが、沢田夫妻が本気で「100年住み続けられる建物をつくろうとした」ことだけは確かです。そこに偽装も手抜きもなかったことを汲みながらも解決すべき問題には対処をしなければなりません。

12 知られざる「沢田建築」

セルフビルダーは表現者であることが多いのですが、沢田夫妻は、表現者である前に、棟梁であり、職人であり、そして経営者でもありました。その証を、昔の広告に見つけました。

偶然の発見

高知県立図書館で1972年度版の住宅地図（247ページ参照）をめくっていたときのこと、見覚えのあるマークと名前に目が止まりました。

確認してみると、やはり沢田夫妻が出した広告です。業務内容に建売住宅および建売アパートをうたっていますが、これから一世一代の大工事、沢田マンションをつくっていこうというときにわざわざお金を払って「沢田建築」の広告を出す意図はなんなのでしょう？　沢田マンションをつくり経営していく上で一般業者と対等な立場でありたいという気持ちのあらわれだったのかもしれません。

もし沢田マンションをつくりながら建売住宅と建売アパート建設を続けていくつもりだったとしたら、ヤル気ありすぎです！

建設業の要件

ところで、こんな疑問を持つ方がいるでしょう。

建築業って許可がいるんじゃないの？

おそらく「沢田建築」は問題ありません。建築業者を規定する建設業法によると、請負代金の額が１５００万円未満か延べ面積が１５０㎡に満たない木造住宅工事であれば建築業の許可は不要となっています。

寡聞にして当時の基準額はわかりませんが、それよりおもしろいのは沢田夫妻の建売りの場合、建主と大工が同じですから請負契約がありません。その場合は材料の市場価格と運搬代が基準になると考えられますが、材木は自分の山から切り出してくるので二束三文です。やはり許可は必要なさ

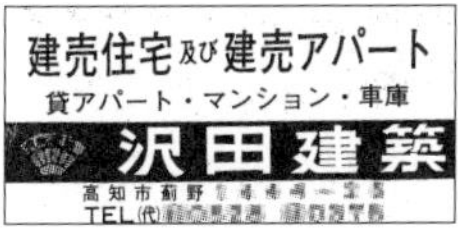

1972年度版の住宅地図に出ていた「沢田建築」の広告

沢マンマーク。当時から使用されていた

そうですね。

それまでとは異質な沢田マンション

沢田マンションの存在意義のひとつであると巻頭でぶち上げたセルフビルドには、「素人施工」「無報酬施工」というイメージがあり、38頁では「工事の直接の対価としてお金をもらわずに、建物の所有者・使用者やその仲間が自分（達）の建物を建てること」と定義しました。沢田夫妻は正式な大工の下で修業した経験はないので素人の要素はありますが、「沢田建築」としてお金をもらって工事をした建物についてはセルフビルド建築とはいえません。

沢田夫妻が沢田マンション建設以前に建てた建売住宅やアパートは沢マンの建設資金づくりの手段でした。しかし沢田マンションの建設では労働の直接の対価として誰がお金を払ってくれるわけでもなく、しかも今までの建築物とは明らかに異質な、採算性や効率以上の沢田さんの理想（俺はこんな家に住みたい！）が追求されています。「沢田建築」時代の建物とは異なるセルフビルド魂が、沢田マンション建設の過程で爆発したのです。

13　沢田マンションのエチュード

沢田マンション建設にとりかかる前、夫婦二人で建売住宅・アパートを合わせて300戸以上は建てたと豪語！　現存するそれらのアパートを調査し、沢マンへと集約される「沢田スタイル（＝沢田好み）」を考察。

夫婦で300戸⁉

沢田夫妻は数多くのアパートや戸建住宅を建てて腕を磨き、資金を貯めた後に沢田マンション建設にとりかかりました。1971年までの8年間で約20棟のアパートと戸建住宅、合わせて300世帯分の住戸を建てたといいます。30年以上も昔のことで取り壊されてしまった建物も多く、そのすべてを確かめることはできません。

夫婦で300戸という数字を聞いて冗談だと思う方がふつうの感覚だと思います。

8年で300戸といったら、平均して1戸に10日かかっていないことになります！

私もにわかに信じることができなかったので裕江さんに案内をお願いしました。すると快く安全運転表彰マークのついたトヨタクラウンを駆って、沢田マンション近辺のアパートと戸建住宅を巡るドライブに連れて行ってくれたのでした。

そこで案内してもらった建物だけでも、ゆうに100戸を超えています。一部のアパート大家さんや実際に住んでいる方、地域の方にもお話をうかがいました。

それらのなかから、いくつかの「沢田アパート」を紹介しましょう。

「Hマンション」はドミノシステム？

敷地南側は用水路になっていて、水路に面して設けられた階段の微妙な振れ具合が沢田夫妻らしい「Hマンション」。玄関は西側の共用廊下に面して設けられていました。現在はすでに取り壊されています。

各階の床版が建物をかっちりと水平方向に分割していて、立面《りつめん》の表情が各階で異なっている様子は近代建築の立役者である建築家、ル・コルビュジエ（1887―1965）によって1914年に描かれたドミノシステムのスケッチを思い起こさせます。

「Hマンション」全景。このアパートの1階を、ほかの家やアパートを建てるための作業場にしていた時期もある。「沢田建築」の広告に書かれた住所もここ。まさに沢田建築本部！

ドミノシステムのスケッチ

沖縄のバルコニー建築。ドミノシステムのスケッチと瓜二つだドミノシステムというのは、20世紀初頭のヨーロッパで、鉄筋コンクリート構造の発展と社会全体の工業化を背景としながら生まれた建築システムの考え方です。工場で生産できる材料を経済的に用い、上にも横にも自由に拡張できるシステムで、それまでのヨーロッパで一般的だった石やレンガによる組積造《そせきぞう》の暗くて閉鎖的な居住空間を開放するというデザイン上の提案も含んだものでした。実際のプロジェクトとしては第一次世界大戦で荒廃したフランスの復興計画で提案されています。

ドミノシステムは、ときに本来の文脈を歪曲されながらも世界中に波及しました。角《つの》出し建築として紹介した沖縄の建物なども見た目はまさにドミノシステムです。もともとは木造の柱と梁による軸組み構造しか知らなかった沢田夫妻が、鉄とコンクリートという材料を手に入れたとたんドミノシステムっぽい形をつくるとは、ル・コルビュジエも想像しなかったでしょう。

沖縄の例も沢田夫妻のアパートも、細かく指摘すれば本来のドミノシステムの意図と異なる点はたくさんあります。それでも、経済性・拡張性など都合のいい部分だけをうまく取り入れるやり方は、最先端技術でも伝統工法でもないしたたかなスタンスとして楽しめる味わいがあります。

無国籍アパート「ハイツー」

もう一つドミノシステム仲間を紹介します。

整形な床版の上へ各階ごとにランダムな住戸が配置されているのはいかにもドミノシステム風。

螺旋階段が印象的で、嘉農さんいわく「高知市内で螺旋階段をつくったのはワシがはじめて」とのこと。ほかのアパートでもくり返し登場する「沢田好み」のモチーフです。沢田マンションにもかつては螺旋階段がついていたことは前に触れました。螺旋階段の脇に共同玄関と下足入れがあり、普段は内部階段で上階にアクセスできるようになっています。

数ある沢田アパートのなかでも、このファサードのランダムさは際立っています。アジア的乱雑さとも異なる無国籍な風貌がなんとも渋いです。

「I荘」はぜいたくアーチとケチケチ駐車場

連続アーチが気になるこのアパート「I荘」は、1階がピロティで持ち上げられて

「ハイツI」全景。かっちりした床と柱の中に、各階バラバラの間取りがおさまっている。同じ間取りの部屋はつくらないという嘉農さんのスタンスが直截にあらわれた外観

駐車場になっています。

アーチも沢田マンション内で多く見られる「沢田好み」の一つ。沢田マンションでは、おもに住戸間の界壁を破った穴の上部がアーチになっています。

1階の駐車場高さが2、3階の半分程度しかないのがわかるでしょうか。これは柱の材料を節約して工事費を下げるために、天井高《てんじょうだか》を普通乗用車ギリギリの高さにしているためです。

飾りのアーチには材料を使うけれど駐車場の柱の材料は節約する。沢田さん的人間優先の合理精神なのです。

表と裏の顔を持つ「O荘」

こちらは表の道路から一見するとなんの変哲もない建物ですが、裏の水路からはアクロバティックな構成や真っ青に塗られた螺旋階段、大胆な庇とブリッジが見えて、紛うことなき沢田アパートであることを主張しています。

大家さんによると、2階は以前3住戸あったのを、改装して2住戸にしたそうです。

「I荘」全景

［左］「O荘」水路側の裏の顔。螺旋階段と大きな庇が目を引く
［右］「O荘」道路側を向く表の顔。地味だ

恩人のために建てた「Tマンション」

沢田夫妻が大変お世話になったという、故T氏のために建てたマンション。現在の大家さんはすでに別の人になっています。

恩人のためだからでもないでしょうが、外観・内装ともに大人しいつくりになっています。次ページの写真の内装は、現在の大家さんが改装工事を入れた後の様子です。

控えめな「Tマンション隣のアパート」

建物の名前が表示されていなかったので、ずいぶんとお粗末なおよび名になってしまいました。外観は地味ですが、螺旋階段、高さの低い駐車場と「沢田好み」が見て取れます。バルコニーも兼ねて廊下を広めに確保してあるのも沢田マンション的です。

隣の恩人マンションに遠慮して控えめにつくったのでしょうか？

［上］「Tマンション」
［右］「Tマンション隣のアパート」

「Tマンション」の内装

「M荘」 L字型建物が抱きかかえるバルコニー

この建物はすでに建て替えられて見ることはできませんが、沢田夫妻が建てたアパートのなかでも気になる一軒です。

袋小路の奥、用水路沿いに建つ3階建ての建物で、1階は天井高が1・5mほどの駐車場になっていました。駐車場の隅には長いこと使われていなさそうな共同の風呂場があり、上階はL字型の建物に住戸が並んでいます。本体が木造か鉄骨造なのかわかりませんが、鉄骨とコンクリートでつくられた広めの共用廊下兼バルコニーが建物に抱きかかえられるようにとってあります。物干し竿にまじって鯉のぼりのポールが立っているのが微笑ましい風景でした。

この一見小さなアパートに10世帯が入っていました。一つひとつはけっして大きな住戸ではありませんが、周囲の同じ規模のアパートとは違い、集まって住むことへの想いを感じさせる不思議なアパートでした。

「M荘」全景。L字型の屋根の下におさまる住戸は凸凹で、L字の隅には広めの庇下空間が確保されている。バルコニーの共有のあり方に魅力が感じられる。すでに建て替えられた

「Sアパート」。地下の基礎は型枠の中を走り回れたくらいの厚みがあるらしい

タフな鉄骨手摺りに注目の「Sアパート」には地下室の噂も

実際に確認できませんでしたが、どうやらこのアパートには地下室があるらしいのです。沢田夫妻がつくった沢田マンション以外の建物で唯一の地下室の可能性もあります。

敷地が川沿いなので、表面の地層は洪水の堆積物で軟弱だったのでしょう。沢田マンションの基礎と同じく、杭を打つ代わりにしっかりした地盤が出るまで掘り下げたのではないでしょうか。このような建物の工事を経て、沢田夫妻は経験値を一つひとつ上げていったのでしょう。

鉄骨を組み立てた無骨な手摺りが力強いですが、同じ手摺りは沢田マンションの屋上でも見ることができます。沢田マンションの習作、エチュードとしての様相が感じられます。

直前のエチュード「Aハイツ」

沢田マンション建設に取りかかる直前に建てた、まさに沢田マンションのエチュー

「Aハイツ」の全景。螺旋階段好きの「沢田好み」なアパート。生命を司る
DNAそのものの螺旋！　上から見るとかなり急……

ドとしてのアパートです。螺旋階段はもちろん、床版の側面に塗られたピンクも「沢田好み」の一つで、沢田夫妻の建てたアパートや戸建住宅外壁のトタン板に多用されています。かつては沢田マンションも同じカラースキームで塗られていたことがありました。

沢田マンションの第1工期部分が立ち上がったころは、きっとこんな外観だったのでしょう。

戸建住宅の中は、ブリコラージュ&バリアフリー

沢田夫妻がつくった戸建住宅のうち、たまたま改装工事中だった一軒の内部を見せていただく機会がありました。

工事をしていた職人さんは、改装工事を通じて沢田夫妻の建てた住宅を数多く見てきました。その経験を通じて夫妻の工夫ぶりには感心していて、工事現場を見せてくれるとともに解説もしてくれたのです。

室内には、表面を見る限り竹に見える柱に露出した鉄骨の梁がのっています。鉄骨の梁には竹の束が立っていて、さらに上の直行する梁を支えています。

沢田さんが建てた戸
建住宅の天井見上げ

沢田さんが建てた戸建住宅の
トイレ。それぞれの要素が少
しずつおかしい

螺旋階段の上から撮影

トイレは本来そこにあってしかるべきものが並んでいるだけなのに、妙にシュールです。

顔の近くの臭気を率先して吸い出すかのような位置に取りつけた換気扇や微妙にカサ上げして設置された和式便器など、高さが個性的というか、ちょっと変。そして、なぜか洋式便座！

しかし職人さんの解説によれば、便座を和式便器にのせれば腰掛けても使えるようにした工夫とのことでした。足腰の弱った高齢者の使用に配慮したつくりだったのです。

失礼ない い方ですが、自分たちのつくるもののなかでも究極に安普請なこの住宅に、稼ぎ盛りの若者が入居しないだろうことは沢田夫妻自身がわかっていたはずです。ここで暮らす人に何が必要なのか、自分たちにできることは何なのかを、使える材料のなかで工夫するスタンスはブリコラージュやバリアフリーといった言葉だけではいいあらわせない「心遣い」を感じさせます。

沢田マンションの部屋番号は、つくった順、改装した順につけられていくという宅配業者泣かせなシステム。新人ではとても対応できないため、担当者が代々受け継ぐ「部屋番号マップ」をつくっている業者もあるらしい…

03 沢田マンションに暮らす人々と生活

沢マンEXPO開催！

２００６年11月18日、沢田マンションの若い住人たちが主催となって第3回沢田マンション秋祭り「沢マンＥＸＰＯ２００６」が開催されました。いままで建物の面白さばかりを語ってきましたが、沢田マンションに住まう入居者の活動もご紹介しましょう！

沢マンＥＸＰＯ２００６

２００６年の沢マン祭りは、もともとはジャンベという素手で叩く西アフリカの太鼓のワークショップをしようという話が盛り上がって実現した祭りでした。しかし、蚤の市から喫茶、アクセサリーや軽食、ヘアカットなど20近くの出店にとどまらず、スタンプラリーや入居者による沢マンツアーなどもおこなわれる盛りだくさんなイベントとして開催されました。

商業施設ではないマンションでのイベントにも関わらず、会場設営は巧みで、主催者以外の入居者に迷惑が掛からないように進入禁止エリアなどを設けて動線を整理しました。

屋上のクレーンには沢田マンションのイメージを象徴する雑多な洗濯物をまるで万国旗のようにインスタレーションしているのが印象的でした。

沢田マンションでおこなわれる祭りも2002年から始まり、今回が3回目でノウハウが蓄積されていることもあるでしょうが、現在の若い入居者にはプロも含めクリエイター気質を持った方が数多くいることもスマートな会場設営を支えています。スタンプラリーの台紙や、進入規制の看板なども含めて、純粋にコミュニティの祭りをつくり上げるワクワクした想いと、沢田マンションという建物に依存しなくても成り立つイベントのクオリティに、300人ほどのゲストも大

告知ポスター。複雑な沢田マンションの構成をリフトとスロープという要素でシンプルにデフォルメした、白とオレンジの鮮やかな2色刷りが目を引く。デザインは18号室元住人の竹村直也さん

いに楽しみました。

若い入居者のゆるやかな繋がり

近年の沢田マンションには若い単身入居者が増えています。建物に興味のある人、鉄扉の並ぶマンションではありえない人と人との繋がりに惹かれる人、沢田さんの生き方に魅せられた人。入居の動機はさまざまでしょうが、ここに暮らす若い入居者たちは、みんな日々の暮らしや、人との関係性に自分なりの意識を持っている人が多いように感じます。そんな入居者たちが、マンション内外で日々自然と起こる人と人との繋がりのなかで生み出していくイベントやクリエイションが、タイミングよく大きなうねりになって「祭り」となりました。

これは人の繋がりを支える「開放的な建物のつくり」とともに、そこに暮らす人たちのコミュニケーションに対する「意識の持ち方」も大きいのでしょう。いわゆる「まちづくり」運動でも、道路や公園、建物などハードの整備だけではけっして住みよいまちには育ちませんし、一方で住人ワークショップなどのソフトな活動だけでも物理的環境の拘束力はなかなか破れません。

沢田マンションでは、個性的な建物とそこでの暮らしや人を大切にする入居者の生活意識の波長が近いのか、ときに共鳴現象を起こすかのようなイベントが沸き起こります。

受け継がれる沢マン文化

沢マンEXPO2006以前にも、入居者が関わったり主催するイベントが数多くおこなわれてきました。いわゆる近隣コミュニティとは少しちがった、沢田マンション的住人活動を覗いてみましょう。

「沢田マンション号」旅行

1階の駐車場で静かに佇む大型バス「沢田マンション号」。現在は車検を取っておらず公道を走ることはできませんが、かつては沢田家の家族旅行や、ときには入居者とも連れ立ったバス旅行で活躍していました。

内部は前方に座席が10席で、残りのスペースに畳3枚とワンルーム用のキッチンが設置してあります。バスの上部には200リットル入りの貯水タンクが2本取り付け

沢田マンション号の思い出アルバム

吊橋をわたる「沢田マンション号」。かつてはこのバスが縦横無尽に日本を駆け巡っていた。日本にもケン・キージーのマジックバスのようなコミュニティがあったのだ!?

「沢田マンション号」全景。白地に赤のボーダーというコカコーラとは逆の配色。ポップなデザインだ。屋根の上には貯水タンクも装備

バス後部のお座敷でくつろぐ。真っ赤な座敷がかわいい

衝突されてもめげずに頑張る

られており、米をたくさん積んで長旅を楽しみました。

沢田家は1976年から毎年春と夏にバスでの家族旅行をはじめます。いつも建設作業ばかりなので、子供の長期休みくらいは家族の時間を楽しもうと考えたのです。嘉農さんと裕江さんは、そのために二人で大型自動車免許をとりました。沢田マンション号で、じつに仙台と千葉の太平洋側以外は日本全土に行ったといいます。はじめは家族だけの旅行でしたが、いつしか沢田家の子供たちと年の近い子供や入居者も一緒に行くようになりました。

このような旅行企画は招待状をつくったりして誘うものではなく、日常会話のなかから生まれるものだったといいます。家賃の受け渡しだけの関係ではなく、入居者とのコミュニケーションが図られていたのでしょう。嘉農さんは自分や家族が他人と会話する大切さ、多くのことを体験する重要さを考えて、このような旅行をおこなったといいます。

当初、沢田家の住居は沢田マンションの1階にあってほかの住戸と並んでおり、また全体の住戸数もまだ少なかったので会話の機会も多くありました。その後、沢田家の住戸が最上階である5階に移り、入居者も増え、居住者のなかには沢田家の自宅へ行きにくい、5階に上がりにくいという方も出てきて、1985年ごろからバス旅行はおこなわれなくなりました。

しかし入居者と気さくにコミュニケーションをとり、一緒に面白いことをしてという沢田夫妻の姿勢が、その後の入居者主催イベント興隆の背景にあることは間違いありません。

「沢マンどっと混む」でインターネット上に進出

２００１年12月、沢田マンションへの興味が昂じて一人の男性が27号室へと入居しました。その、「旧27号」（沢田マンションの若い入居者は、敬意を込めてお互いの部屋番号をニックネームにして呼び合っており、その中途半端な匿名っぽさがインターネット上のハンドルネームとしても好都合。ちなみに「旧27号」は現在退出している）は、２００２年1月7日、ネット上に「ヴァーチャル自治会」を開設します。1月28日には先んじて入居していた「旧83号」（現在退出）の洗濯物に手紙を挟み込み2月2日に杯を交わし意気投合、2月24日には沢田家を含む4世帯にマンション内ＬＡＮを設置しました。

その年の4月1日に開設したホームページ「沢マンどっと混む」（現在休止）は、

入居者によるマンションコミュニティサイトとして類をみないものでした。マンション内の入居者に声を掛けて協力者の部屋にｗｅｂカメラを設置し、それを24時間ネットに流し続けるという一歩間違えると18禁サイトになってしまいそうな試みを断行したのです。

それまでインターネットで検索してもほとんどヒットしなかった「沢田マンション」の内情が、ネットを通じて外部の人たちへと急速に認知されていきました。

サロン空間、旧27号室

しかしネット上でいくらヒット件数が増えても、リアルな体験、生身の交流がなければ沢田マンションに興味を持った人々の好奇心は満たされません。

そのような好奇心を満たしたのは、「旧27号」が積極的に取り入れたプライバシーの低い開放的な独自の住まい方でした。

住戸のうち畳の部屋、トイレ、風呂以外の床仕上げを撤去してコンクリートむき出しの土間に改装し、昼間も部屋に鍵をかけない生活を始めたのです。靴を脱がないでも入室できる部屋には、気軽に立ち寄る入居者やマンション外からのゲストの姿がし

旧 27 号室

三角の印がついている入り口が家相上の望ましい玄関位置らしい

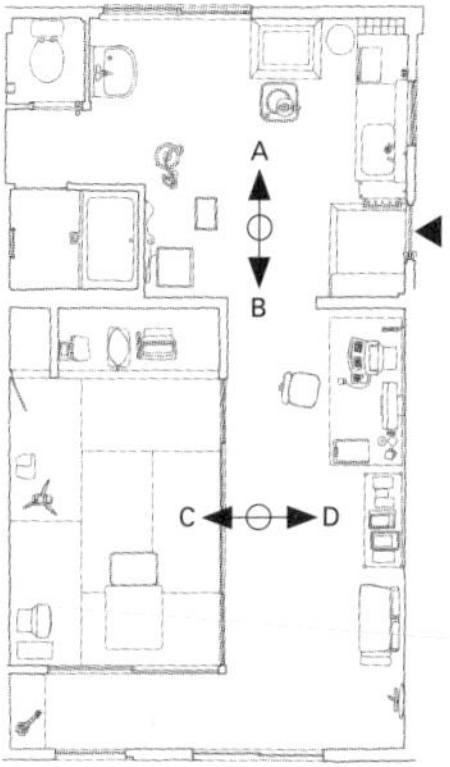

間取図（縮尺：1/150）

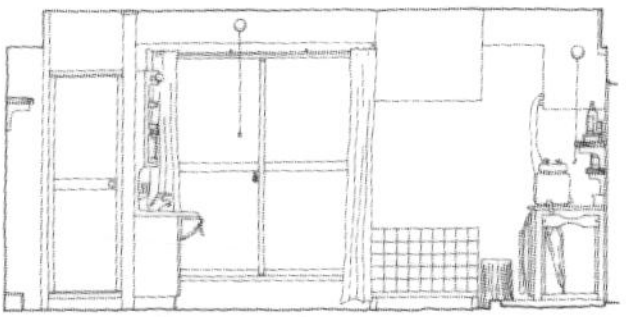

A 面展開図（縮尺：1/100）

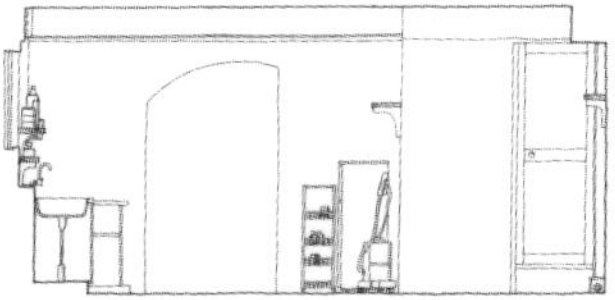

B 面展開図（縮尺：1/100）

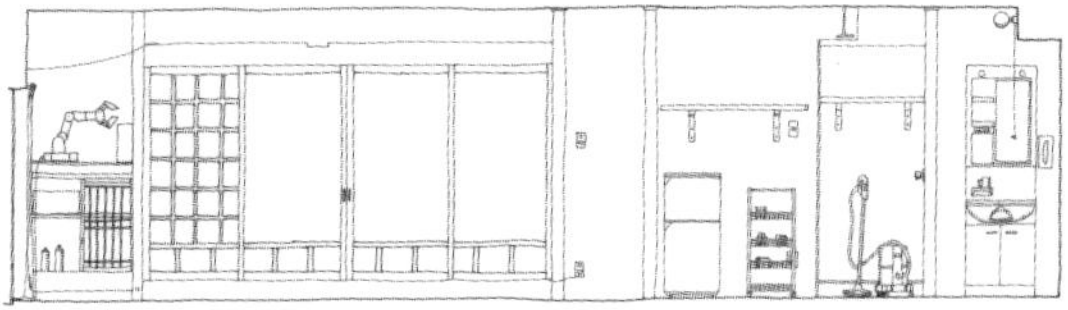

C 面展開図（縮尺：1/100）

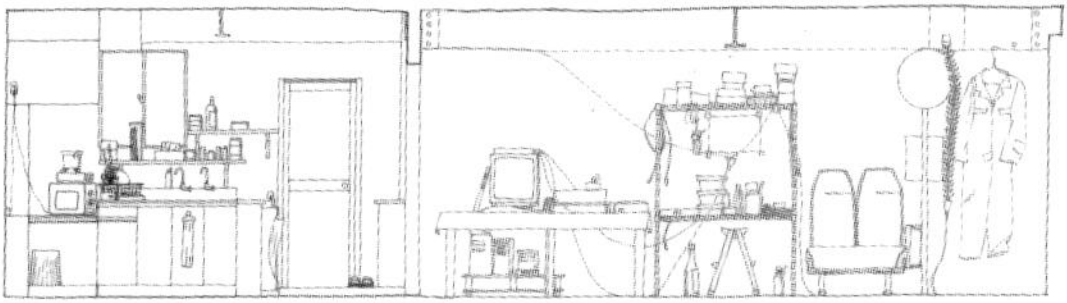

D 面展開図（縮尺：1/100）

ばしば見られました。

沢田マンションには昔の民家にあった土間の名残りのような間取りが多くあります。しかし、ほとんどの住戸では本来なら土間にあたる部分もフローリングやクッションフロアが敷かれていて、土間本来の内と外の中間的な性格やタフに使える機能性は失われています。ところが27号室では床材を剝がしてコンクリートの土間としたことで、間取りのもつ潜在的な性質が息を吹き返しました。人が集まれば談話空間になり、七輪を囲んで魚を焼くこともできます。

そもそもプライベートは畳の部屋内のみでよいと「旧27号」は考えていたようで、しかもその部屋さえホームページ「沢マンどっと混む」のｗｅｂカメラでネット上に公開していたのですから、現代の一般的なプライバシーの感覚とは相容れないものです。「旧27号」自身も当初、ここまでやってよいものか、という迷いがあったそうです。

しかし「旧27号」がマンション内外に部屋を開放して近所付き合いや外部への情報発信の拠点を提供したことで、周囲の沢田マンションを見る目は「近寄りがたい怪しいマンション」から「面白そうで不思議なマンション」へと確実にポジティブな方向に変わっていったのです。

沢田マンション祭りのはじまり

２００2年6月1日に、「旧11号」「旧27号」「旧83号」「32号」の「沢田マンション愛好会」主催で、「沢田マンションまつりの練習」がおこなわれました。実質的には入居者主催による記念すべき第1回沢田マンション祭りといえるものです。

この祭りは、
・子どもたちが楽しめるような企画とする
・マンション内外の人にいまだ知らぬ沢田マンションを紹介する
・マンション外部の人、住人などいろいろな人が知り合うきっかけとなるような場をつくる

という趣旨で開催され１００人以上が集まりました。

沢田マンションをテーマとした写真展示をマンション内の通路でおこない、夜は焼き鳥で屋上ビアガーデンなどを催しましたが、なかでも出色な企画はスロープという場所で、した流しそうめんでした。沢田マンションの内外から目に入るスロープを利用した流しそうめんのわくわくする高揚感が見事に一体化しています。

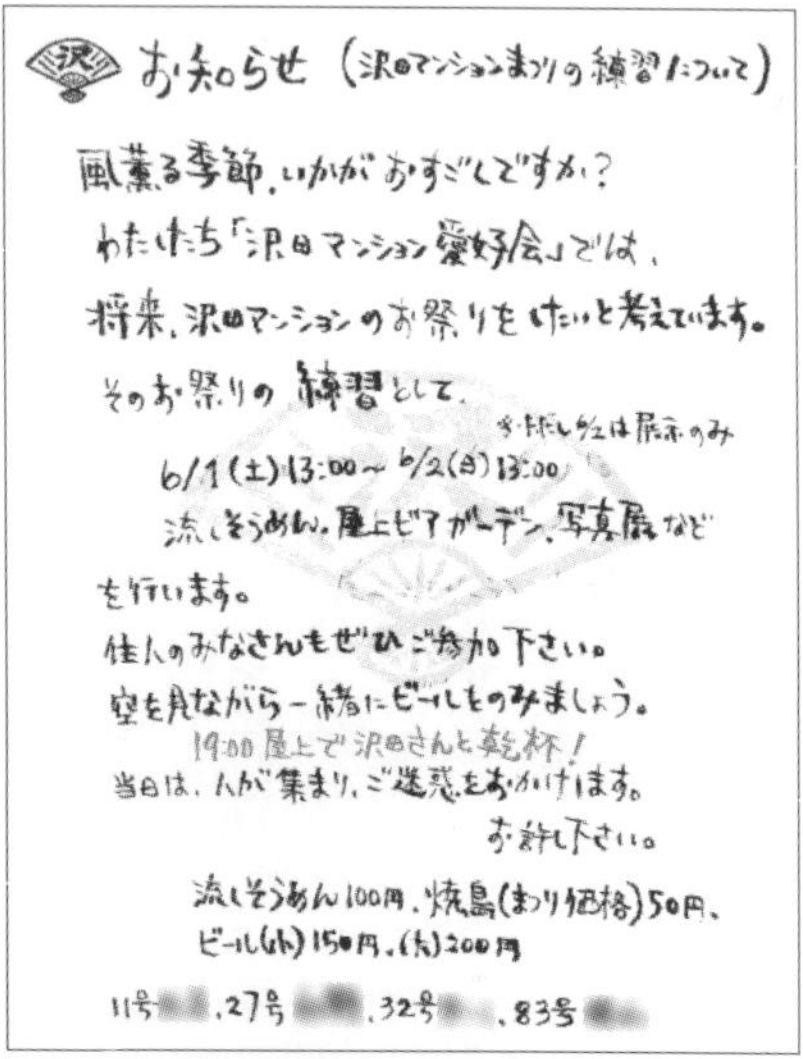
お知らせ（沢田マンションまつりの練習について）

風薫る季節、いかがおすごしですか？
わたしたち「沢田マンション愛好会」では、
将来、沢田マンションのお祭りをしたいと考えています。
そのお祭りの練習として、
※ただし絵は展示のみ
6/1(土)13:00～6/2(日)13:00
流しそうめん、屋上ビアガーデン、写真展など
を行います。
住人のみなさんもぜひご参加下さい。
空を見ながら一緒にビールをのみましょう。
19:00屋上で沢田さんと乾杯！
当日は、人が集まり、ご迷惑をおかけします。
お許し下さい。
流しそうめん100円、焼鳥(まつり価格)50円、
ビール(小)150円、(大)200円
11号[redacted]、27号[redacted]、32号[redacted]、83号[redacted]

祭りのお知らせのチラシ。参加しない入居者への気遣いも見られる

スロープでの流しそうめん！

このような外部を巻き込んだ交流を通して入居者が自らの生活や場所の持つ価値を見直し、外部の人と沢田マンションの想像を越えた空間体験を共有していくという主催者の企みが少しずつ実現していきました。

「鳴呼沢田マンション27号室の日常展」

２００２年10月30日から11月11日まで高知市内の現代美術ギャラリー「graffiti」にて、「鳴呼沢田マンション27号室の日常展」が催されました。沢田マンションの写真や歴史のパネル、模型などが展示され幅広く沢田マンションの魅力を伝えました。

また関連イベントとして「沢田マンション秋祭り　月見の宴」が開催され、ライブや宴会が沢田マンションでおこなわれています。

この展示会は新聞社の後援も受けており、こ

展示会場での沢田夫妻。お遍路さんの装束で参加

の後も徐々に沢田マンションがメジャーなメディアに受け容れられるようになっていきます。

カフェ、アロマルームも登場

2006年からは、マンション内でカフェや沢田家直営アロマセラピールームが開業するなど、多様な場所が生まれてきました。この数年間で入居者の構成は大きく変化し、20代から30代の単身世帯が大幅に増加しています。自力で住戸を改装する入居者も増え、上手に沢田マンションの特性を使いこなしはじめています。これからどんな生活空間になっていくのか。まったく予想がつきません！

あふれ出す洗濯物は沢マンのガードマン

ほとんどの住戸が専用ベランダを持たない沢田マンションでは、共用部に洗濯物がはためいています。その洗濯物が持っている重要な役割に注目。

通路に洗濯物、手摺りに布団

気持ちよく晴れた日曜日、各階の花壇に生い茂る草花と競い合うように色とりどりの洗濯物や布団が建物を彩っています。

巻末の各階平面図を見るとわかるように、ほとんどの住戸には専用ベランダがありません。たいてい、洗濯物は住戸南側の共用廊下に干します。住戸のすぐ前は庇が深く陽が当たらないので庇の先端、住戸から見ると廊下の反対側が洗濯物を干すのに適した位置です。だから廊下を通るときは住戸と洗濯物の間を往来することになります。

共用廊下やスロープの手摺りに干される洗濯物や布団が沢田マンションを彩る

公共の場所とプライベートな場所

洗濯物のはためく風景といえば上海や香港、色とりどりの布団干しといえば日本の団地。アジアに共通して見られる生活感に溢れた風景です。

それら洗濯物が干されている場所の観察から、街と住まいとの関係や沢田マンション独自の雰囲気を醸し出している特性を探ってみましょう。

街中では公共の施設や店舗、道路のような「公共の場所」と、住居のような「プライベートな場所」は別物として振る舞うことが必要です。きちんと壁や門で仕切られていればわかりやすいのですが、必ずしもそんな物がなくてもみなさんそれぞれに判断していると思います。

「公共の場所」には誰でも気がねなく入って行けますが、自分勝手な行動を慎みます。逆にそれぞれの人が自由にくつろいでいる「プライベートな場所」に他人が勝手に入ることはためらわれるでしょう。もちろん中間的な性格の場所もあって、そういう目に見えない空間のグラデーションは各自の文化的な背景、法律や制度に照らし合わせて判断している、といえます。

ちょっと視点を変えた例では、男性なら幼いころオシッコが我慢できなくて立ちションを考えたこと、ありますよね？　そんなとき「ここならしても許されるかな」という「公共の場所」と、「さすがにここではまずい」という「プライベートな場所」を嗅ぎ分けていたのではないでしょうか。

あくまでも私の例ですが、同じ電信柱でも繁華街のような生活者の顔が見えない街では通行人の目があっても大して気にならないのに、他人の住宅玄関脇にある電信柱だと、たとえ誰も見ていなくても住人の顔を思い浮かべて我慢してしまいました。仮によその町の、まったく知らない人の玄関であっても、誰かの「プライベートな場所」近くでは、そこの主に遠慮を感じてしまうものです。きっと、動物の「ナワバリ」に近い感覚ですね。

公共、プライベート、洗濯物の三角関係

話を洗濯物に戻しましょう。一般的に洗濯物は、きわめてプライベートなものだといえます。上海などで見られる窓から突き出た物干し竿では、無機的なビルの表情を突き破るようにしてプライベートの旗印である洗濯物が並ぶギャップが絵になります。

上海・香港型の風景。街中に洗濯物がはためく。右はシンガポールのマンション

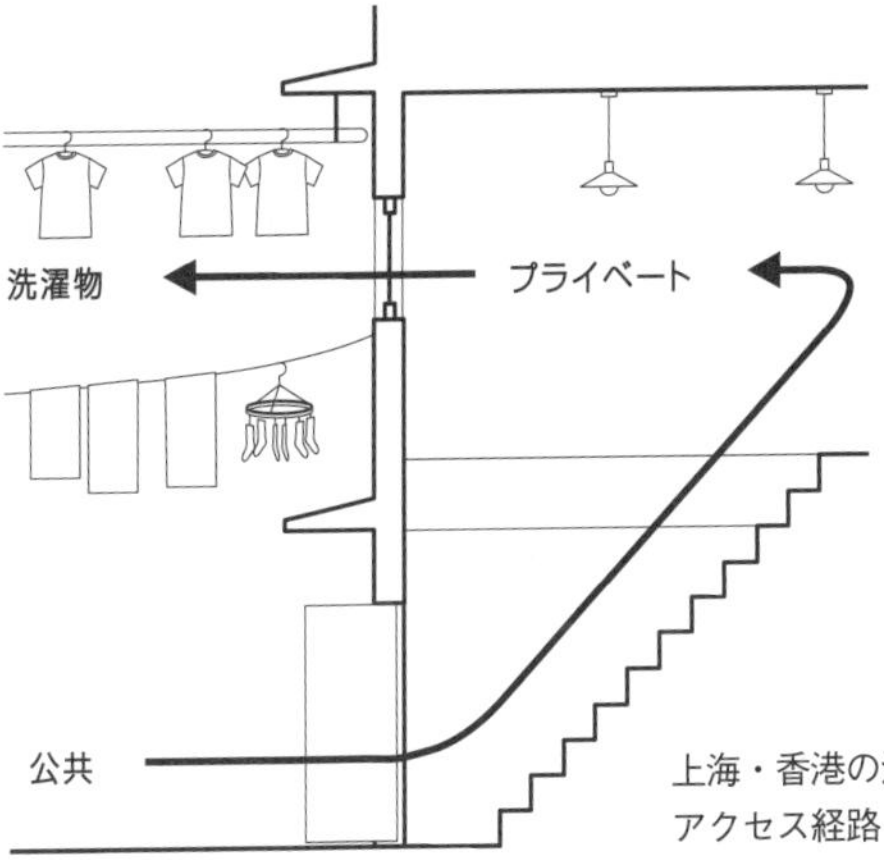

上海・香港の洗濯物にいたるアクセス経路

狭い道路の上を洗濯物が横断している香港の風景も、アジアの典型的イメージです。

プライベートな洗濯物を人目に触れる街中で干せる感覚はアジア共通のものがありそうですが、これら「上海・香港型」と「沢田マンションの洗濯物事情」をアクセスの視点から比べてみましょう。

上海・香港型では、「洗濯物」にアクセスするための「公共の場所」と「プライベートな場所」の順番が

「公共」→「プライベート」→「洗濯物」

となっています。どれだけ風景のなかに洗濯物が陣取っていても、それにアクセスするには「プライベートな場所」を経由しなければならず、空間の上下で住み分けができています。洗濯物のすぐ下を通っても、手が届かなければそれはアクセスにはなりません。

ですから上海・香港型の洗濯物は景観の問題はあっても、「公共の場所」での人々の行動を規制するものではなさそうです。日本の団地のベランダに並ぶ布団も同じで、あくまで「プライベートな場所」の奥に干されています。

中国の別の例を見てみましょう。

　雲南省の農村では斜面に沿って段々に家が立ち並び、屋根の上は自由に行き来することができます。このような集落では完全な「プライベートな場所」も、自分を頑なに抑えなければならない「公共の場所」も、曖昧に共存しています。洗濯物は誰でも往来可能な自宅の前で干されていますが、そのことで公共とプライベートがせめぎ合うといったことは起こっていません。

　日本の農村でも道端に洗濯物が干してあったりしますが、すべての人が顔見知りであるような濃密なコミュニティでは都市的な意味での「公共の場所」が希薄なので、広くて陽が当たる場所に干すの

中国雲南省の農村での洗濯物。誰でも到達できるところに干してある

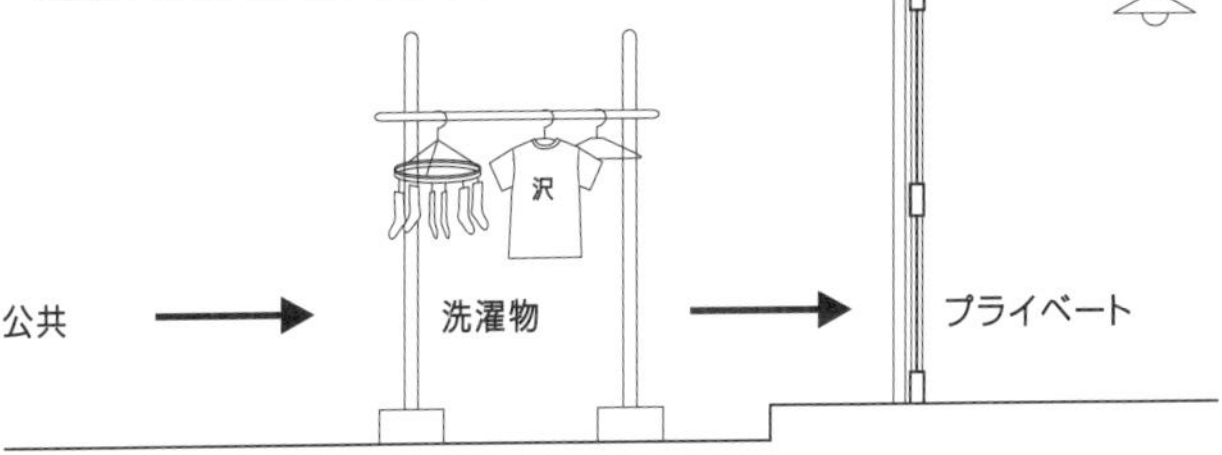

沢田マンションでの洗濯物の位置関係

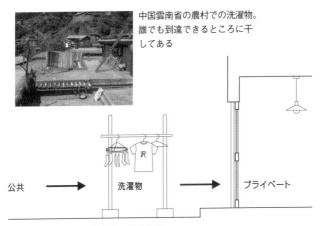

が合理的で問題も生じません。
一方、沢田マンションの場合は、

「公共」→「洗濯物」→「プライベート」

という位置に洗濯物があります。
住んでいる方にしてみれば、陽射しを求めてしようがなく共用廊下に干している場合がほとんどです。しかしアクセスの順番からいえば「プライベートな場所」の最奥にあってしかるべきで、しかもナワバリの存在を示すような洗濯物が住戸に到達する前に待ちかまえています。部外者からすれば、これは気まずい！

洗濯物がガードマン？

しかし、それが逆に利点にもなります。
洗濯物に出迎えられた訪問者はきっと、
「ここってプライベートな空間なのかな？　勝手に進入していいのかなあ？　もしか

して部外者は立ち入り禁止？」

と考えてしまいます。

現在のようにフレンドリーな沢田マンションが有名になる以前に、そんな理由で足を踏み入れるのをためらった人がけっこういるのではないでしょうか。

建物の構成上、共用部に干される洗濯物や布団。繊維製品にすぎないそれが外部の論理で解釈されて、侵入者を牽制するガードマンの役割をしてきたという側面が少なからずあったと思うのです。建物の空間構成は、ときに建設者の意図を超えた影響力を発揮します。

新しいコミュニティと集合住宅

日本では、共用通路に無表情な鉄の扉がならび、中の様子がうかがい知れないマンションが多数を占めてきました。しかし沢田マンションは透明ガラスのはまった不揃いな引戸やドアが不規則に連なっていて、ずいぶんと開放的なつくりです。それぞれの住人が個性的に生活しているのだなぁと外側からもわかるのです。昨今は個人のプライバシーが尊重されるとともに、そんな開放的なマンションにも注目が集まっています。

ガラス張りマンション

次ページの図は沢田マンションの1階から4階にある賃貸住戸の、共用通路に面した開口部（扉や引戸、窓など）を抜き出したものです。そのうち黒く塗られている部分はサッシに透明ガラスが使われている箇所をあらわしています。多くのサッシに透

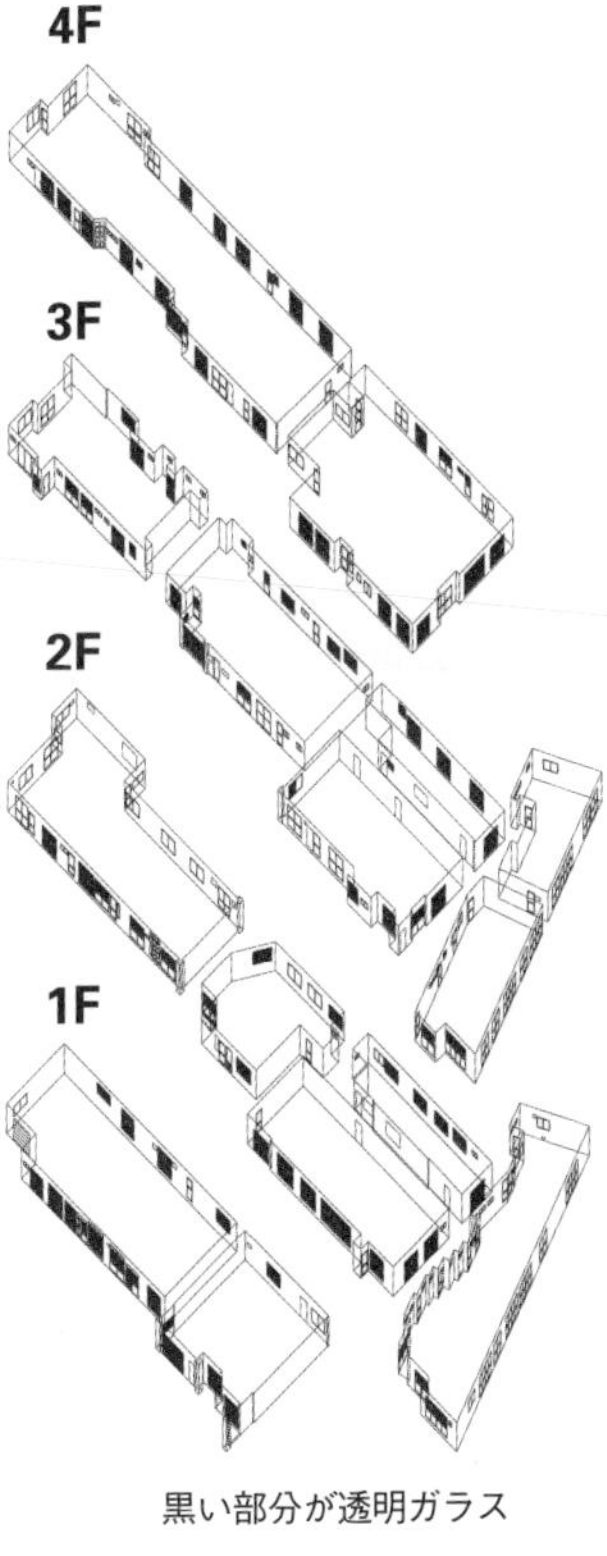

黒い部分が透明ガラス

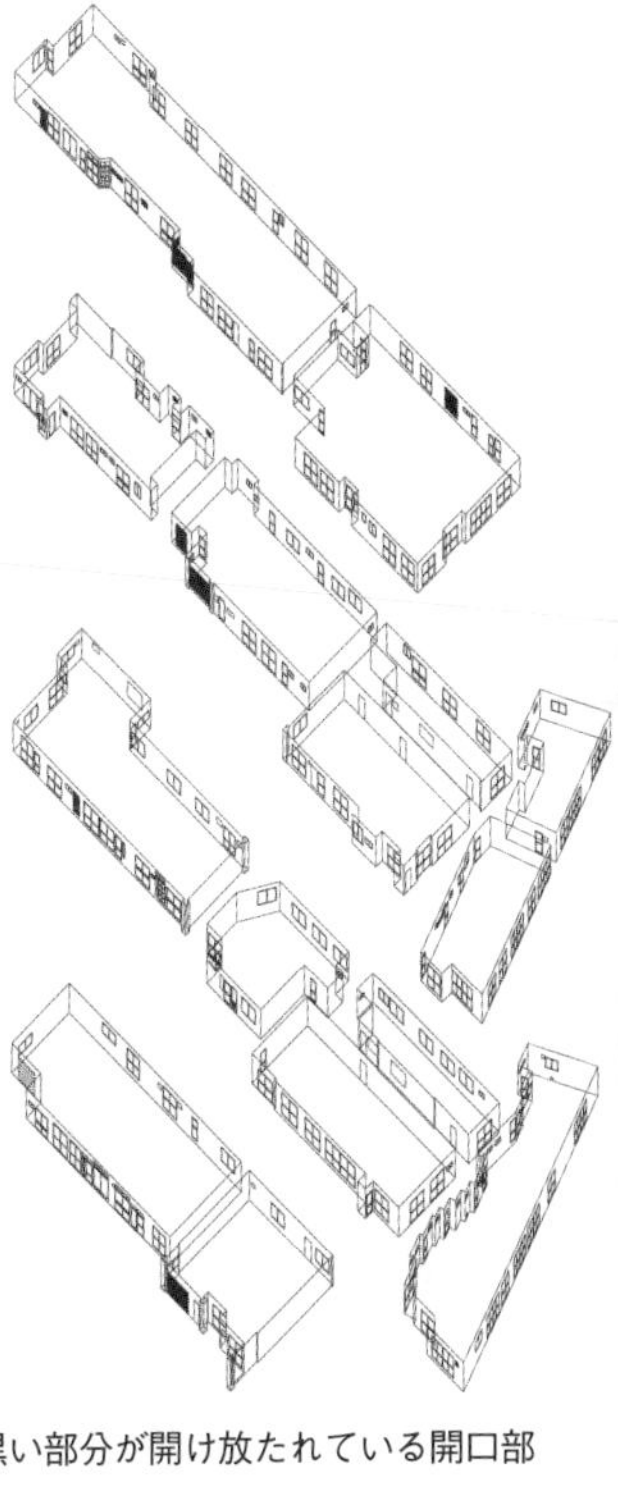

黒い部分が開け放たれている開口部

共用通路に面した開口部のみを図示した。
こうして見るとふつうのマンションと比
べていかに開放的なつくりかがわかる

開け放たれた扉や窓。エアコンよりも自然通風の方が健康的

共用通路に面したさまざまな出入り口

透明ガラスが気になる人も当然いる。ポスターを貼るなど思い思いのやり方で不透明化を試みている。隣人の趣味もわかって面白い

明なガラスが使われているのがわかります。

けれど、すべてが透け透けではプライバシーもなにもなく、とても住めたものではなくなってしまいます。そこで人それぞれに目隠しを工夫しています。内側にカーテンやのれんを掛ける人が多いですが、なかにはポスターや新聞紙を貼りつけたり、ペンキでガラスを塗ってしまったツワモノもいます。さすがに透明ガラスのまま何も取り付けずに住んでいる人となると、ほんの数例のみです。

そもそもガラスが透明なのは入居者が望んだことではなく最初からのつくりなので、暮らし方としては塞ぐ方向に向かう人が多いのも当然でしょう。しかし、お年寄りの一人暮らしなどでは、ガラスが透明なことで近所の入居者がそれとなく気を遣えるので安心だという声も聞かれました。

玄関や窓の開け放ち

一方、サッシの透明度とは別に扉や窓そのものを開け放って暮らしている人も見受けられます。

235ページの右の図は、2001年8月19日のよく晴れた日曜日の午後1時から

3時に開け放っていた開口部を抜き出したものです。7つの住戸でそのような例が見られました。

単純にエアコンがなくて開けなきゃ暑くてやってられない、という人もいるでしょうが、エアコンがあるのに開け放っている人もいます。

南国である高知に限らずエアコンが普及する以前は風を通して涼をとるのがあたりまえでしたし、近隣同士が顔見知りで防犯上の不安がなければ、ごくふつうの夏の過ごし方といえるでしょう。

都市部のマンションなどでは自然な通風経路を確保するよりもエアコンの効きをよくするために密閉度を高める傾向も見られますが、省資源や健康の点からいえばあまり合理的ではありません。

通路で納涼宴会！

しかし、沢田マンションにはさらに開けっぴろげな暮らしがありました。

部屋に風を通すよりも気持ちいい風が吹く戸外に出てしまったほうがより効率よく快適なことはいうまでもありません。ふつうのマンションの狭い共用通路でそんなこ

サトウサンペイの漫画「夕日くん」(『週刊朝日』1975年12.26号)で描かれた想像上の縁側のあるマンション。沢マンに近い感じだ

ゲストと入居者が一団となって繰り広げられた通路宴会

とをしたら迷惑もいいところですが、沢田マンションでは通路が広いうえに顔見知りの入居者同士が多いため、たまに通路で宴会がおこなわれてしまうことがあるのです。建物内のゆるく繋がった人間関係と建物の特徴がうまくかみ合い、その宴会が繋がりを広げていくような関係が、ここにはあったのです。

ちょうど沢田マンションが建てられつつあった1975年、『週刊朝日』に掲載の漫画「夕日くん」に前ページのような一コマがありました。当時日本中でマンションや団地がたち並びはじめ、そこでの無味乾燥な住空間や人間関係と対比して伝統的な縁側の機能や快適性が、すでに懐古的なおもむきで風刺されています。

沢田マンションは、この30年以上昔に描かれた「漫画みたいな生活」ができている場所なのです。

住戸を開く試み

鉄の扉でプライバシーや防犯性だけが大事にされ、共用通路が住戸へのアクセスのためだけの空間になることで、旧来の近隣関係やコミュニティが壊れていくことへのアンチテーゼは過去にもたくさん提案されてきました。沢田マンション建設と同時期のものを2つ紹介しましょう。

葛西《かさい》クリーンタウン（1983年）では「リビングアクセス」という形式が採用されました。これは共用廊下に面して開放的なリビングを配置して、共用廊下から生活感や住人の個性を感じられるようにすることで近隣関係に好影響を与えようという試みでした。

また、鹿児島県営高丘団地（1981年）では共用の階段室から住戸のバルコニーを通って玄関に入る「バルコニーアクセス」が採用されました。

どちらも沢田マンションの住居空間のあり方に似ていますが、これらは旧来の地域コミュニティや昔ながらの近隣関係を維持あるいは復活させようという目標を持った専門家の挑戦だったともいえます。建物の専門家がよい空間をつくれば半自動的にそこでよい人間関係が生まれるだろう、という楽観的な期待も見え隠れしています。

専門家の挑戦が尻すぼみに終わったことは、現在みなさんの周りに「リビングアクセス」や「バルコニーアクセス」のマンションがほとんどないことをみればわかります。専門家が「あるべき」と考えた近隣関係は地縁や旧来の家族を核にして想定されていますが、街や家族のあり方自体が急速に変化したのについていけませんでした。

一方で嘉農さんは自身の住居観だけを頼りに、鉄とコンクリートを使ってあたりまえのように「長屋」のような空間をつくりました。

沢田マンションで長屋的に豊かな近隣関係を築いているのは主に若い単身者か子供のいないカップルが多く、旧来の家族をベースにした近隣関係とは少し質の違うものなのです。

住戸は開かない

都市再生機構が建てた賃貸集合住宅「東雲《しののめ》キャナルコートCODAN《コーダン》」(東京、2003年)では、建築家の山本理顕《りけん》氏が設計した透明ガラスのはまった玄関扉や、共用通路から中が見えるガラス張りのSOHO(住居兼仕事場)としても使える部屋を持つ住戸が話題になりました。鉄の扉を否定しているという意味で、一見すると先に出てきた住戸を開こうとする専門家の試みと同じように見えるかも知れません。しかしここでは、見ず知らずの家族が集まる都会のマンションではリビングや寝室を外に対して開く動機がそもそもないという前提で、外部に対して開くことに必然性のあるSOHOのようなスペースを計画している点が大きく異なります。

近隣との良好な関係を望むであろう家族世帯ですら住戸を外にたいして開く動機が

「東雲キャナルコートCODAN」の「コモンテラス」に面するガラス張りの「f-ルーム」。「コモンテラス」は中廊下の途中に設けられた吹抜けの半外部空間。「f-ルーム」は仕事場やギャラリーなど多様な使い方に対応できるよう提案された住戸の一部だ。サッシの中に見えるストライプの壁は建具になっており、開放や遮光、防犯対策が可能になっている

広々としたリフトがサロン代わり。こちらは年配の方々の沢マンコミュニティ

ないとしたら、気ままに一人暮らしを楽しむ人間は閉じた住戸でのプライベートな生活だけを望んでいるのでしょうか。

どうもそうではないような気がします。煩わしいのはいやだけれど、近隣も含めて人と関わっていたいと思っている人は多いのではないでしょうか。近年、都市部でシェアハウスが流行っているのもうなずけます。

けれど一般に供給される単身者向けのアパートやマンションは、周囲との関係を効率よく断ち切るための箱になってしまっています。単身者に用意された住環境があまりにも単調なために、それに物足らない人が沢田マンションに惹かれるという側面もありそうです。

SNS的ゆるさ

沢田マンションでの若い入居者同士の緩やかな繋がりは建物の長屋的な雰囲気とあいまって「昔ながらの近所付き合い」を想像させますが、家族ぐるみの濃密なコミュニティとは異なり、交流のベースはあくまで個人にあります。地縁のしがらみから逃れられないからこそ人間関係を円滑に保とうとする近所付き合いではなく、賃貸マンションという出ていきたいときに出ていけるリセット可能な環境でありながら入居者同士が緩やかに、けれど積極的に繋がる沢田マンション的近隣関係のノリは、mixiやGREEのようなSNS（ソーシャル・ネットワーク・サービス）のコミュニティを思い起こさせます。（……と単行本執筆時の2007年当時は考えていたのですが、2014年現在の twitter や Facebook などのSNSはずいぶんとノルマ的な側面も増えてきたように感じます……。）

沢マンは、集合住宅に住む単身者同士の、新しい関係の実験場になっているのかもしれません。

上階のバイクを下階から見上げる。
住戸と通路という水平方向だけでなく、
上下階の垂直方向までが透けすけだ

住宅地図の巻末附録から探る沢マンの歴史

着工からすでに30余年。しかし1993年の火災で、それ以前の資料は大半が焼失してしまいました。その空白の歴史の手がかりは高知県立図書館の住宅地図にあった！　沢マンがあの会社の社宅だった⁉

住宅地図とは？

住宅地図とは建物ひとつひとつまで描かれて、それぞれの建物名称や居住者名を現地調査して表示した地図です。ある程度以上の規模のアパートやマンションでは、各住戸の表札をもとにした入居者名が巻末に表示されています。

その中から沢田マンションの入居者が一覧表に記載されていた1972、1974～1983、1988～1991年の中身を検討しました。1983年までは苗字の

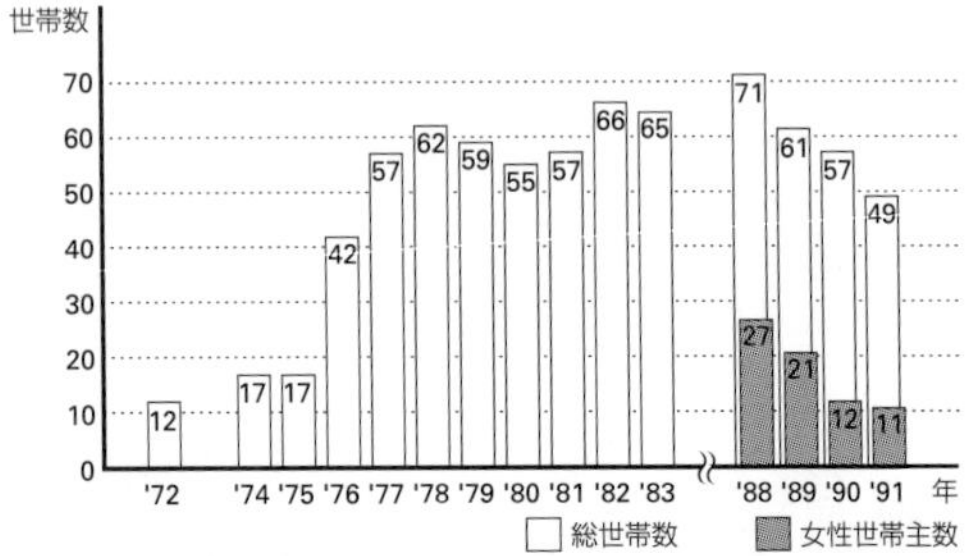

入居世帯数推移グラフ

みの表記、1988年からは大部分が姓名表記になっています。

入居戸数の推移からうかがえる、ダイナミックなリフォーム

入居戸数の推移と傾向を見てみましょう。

着工してすぐの1972年にはすでに入居者がいることがわかります。それも12戸ですから、このときすでに2階まででき上がっています。工事が進むにつれて入居者数が増えていき、第2工期が完了する1976年には42世帯になります。前年の入居が17戸ですから2倍以上の激増です。第3工期が完了してひと通りの住戸が揃うのが1985年ですが、1988年を見ると入居戸数が71戸とピークを迎え、その後はなぜか減少に向かいます。

あれっ？　住戸数は約60戸と本書冒頭で紹介していたはずなのに。なんで71戸も入居しているのでしょう。

これは当時の部屋割りが現在と違っていたと考えれば納得がいきます。もし71住戸があったとすると、現在までに11住戸ほどが、「2コ1化」や通路にするためなどで消滅したということです。当時、空室があって71戸以上の住戸があった可能性さえあります。1994年のテレビ番組「ルックルックこんにちは」では83部屋あると紹介されていました。

沢田マンションにおけるリフォームが壁紙や間取りを変えるといったレベルに止まらず、建物自体を再構成するダイナミックなものだったことがよくわかります。

グローバル企業の社宅時代

入居者の内容に注目してみると、あ

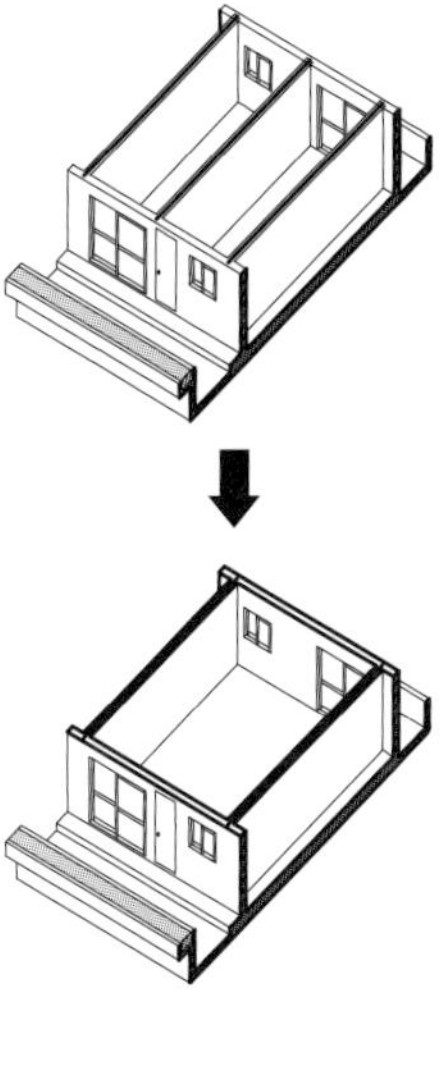

「2コ1化」は、二つの住戸間の戸境壁を壊したり穴をあけたりして、ひとつの住戸にしてしまうこと

きらかに個人名ではない入居者がまじっています。

とくに1976年から1979年にかけては具体的な企業名での記載が見られます。サッシ屋さんとおぼしきA社、全国的に名前を知られるB社や、世界にその名を轟かせるコカコーラの関連会社などです。

一部に「寮」の表記があるので社宅や寮としての借り上げだったと考えられます。当時コカコーラをつくる工場が徒歩圏内にありました。

いまなら立地や家賃条件がどれだけよくても、有名企業が沢田マンションに入居するとは思えません。建築許可を取っていないというだけでなく、ウネウネしたスロープやクレーンがくっついたアナーキーな香りがする建物を社宅に選ぶ企業はないでしょう。

もしB社やコカコーラの関連会社がいまも昔も同じ節度をもった企業であるとするならば、むしろ変化したのは沢田マンションの方ではないでしょうか？　つまり1976年当時の沢田マンションには、有名企業が入居を無条件にためらうほどの危ない香りがなかったのかもしれません。スロープもリフトもつくられる前のことで、上階へは西の螺旋階段や東の室内階段であがっていました。沢田マンションそのものが、まだ社宅としての許容範囲内だったのでしょう。

沢田マンションの変貌と社宅時代の終焉

１９７５年ころから嘉農さんの夢、沢田家の工夫魂が爆発をはじめたような気がするのです。現在の沢田マンション「らしさ」が姿をあらわしはじめるのは１９７５年に屋上に土を入れたあたりからではないかと睨んでいます。１９７８年には大型バスを購入し「沢田マンション」という名札を付けて家族や入居者と旅行に出かけました。１９８９年には3階までのスロープができあがり、１９９０年代にはリフト・花壇が設置されています。

この、夢の実現へ向けた一歩一歩が道行く人の目にどう映ったか想像に難くありません。沢田マンションが「らしく」なっていくにつれて、企業の社宅時代は終わりを告げます。

駆け込みマンション

続けて世帯主の性別に注目してみましょう。

1988~1991年の表では入居者名が姓名表記されています。日本で入居者表示が女性名であれば世帯主も女性と推測でき、女性が世帯主である世帯数がだいたいわかります。

1988年には71世帯中27世帯が女性世帯主で、総世帯数に占める割合は39%に上ります。1989年には34%、1990年は21%、1991年で22%です。女性が世帯主ということは若者かお年寄りの一人住まい、母子家庭などでしょうか。

高知県は母子家庭率が全国平均の約2倍で、県内の6割近くの母子世帯が高知市に集中しています（『市政あんない』、高知市、2001）。そのような背景によって、沢田マンションにも高い割合で女性世帯主が入居していたとも考えられます。

しかし、それ以上の要因は沢田マンションの賃貸マンションとしての運営方針です。沢田家は自分たちも多くの人に助けられてきたという思いから、困っている人には入居審査だ保証人だといわずに、目を見て大丈夫と思えれば部屋を貸すという方針を通しています。そんなこともあって母子家庭に止まらず、DV被害で夫から逃げてきた女性、被生活保護世帯などの駆け込み寺的な役割もはたしてきたといいます。社会がフォローしきれない部分を、社会から認知されていないマンションが引き受けてきたのです。

１９８９年以降は女性世帯主も減少していきます。これも沢田マンションの「らしい」変貌が遠因でしょうか……。いまでは、「らしさ」がウケて満室御礼ですから、なにごとも一筋縄ではいかないものです。

引っ越しと改装のハーモニー

沢田マンションでは建物の中で引っ越しをする人がたくさんいます。独身から結婚、子育て、そして子どもの独立。さまざまなライフステージに対応する柔軟なマンション。そこから見えてくるのは、つくる人と住まう人とが響きあう建物と生活の循環、新陳代謝機能でした。

マンション内引っ越しが頻発！

賃貸マンションに住んでいる人が「引っ越す」といえば、たいていは別の建物への引っ越しを想像するでしょう？　しかし沢田マンションでは建物内で転居する「マンション内引っ越し」がたくさん起きています。お話をうかがうことができた25世帯のうち11世帯が経験していたといえば、その頻発ぶりを理解してもらえるでしょう。人

沢田マンションのさまざまな部屋たち

によっては二度三度とマンション内引っ越しをくり返すこともあります。

沢田マンション入居者の性向といって片づけられるものではなく、運営の方針や日常的におこなわれてきた改築とも関係がありそうです。マンション内引っ越しを通じて沢田マンションという「場所」の特性を探っていきましょう。

同じ住戸がひとつもない！

引っ越しの大前提となる事実、それは沢田マンションには同じ間取りの住戸がないということです。画一的なことが嫌いだった嘉農さんはすべての住戸を少しずつ違うものにしました。だから、沢田マンションの中で引っ越すと必ず間取りや広さ、家賃などが変化するのです。

建物改造の都合で引っ越し？

マンションの改造という大家の都合でマンション内引っ越しをした、というより余儀なくされた例を紹介しましょう。

1階にお住まいのAさんは着工の数年後からの古参入居者で、以前は2階の73号室と1号室の間にあった住戸に住んでいました。1989年ごろスロープがつくられてAさんが住んでいた2階まで自動車があがって来られるようになると、嘉農さんは建物を突き抜けて裏側へ出る車路をつくりたくなってしまいました。そのスロープが2階に到着する部分のまっ正面が、あろうことかAさんの住戸だったのです！

嘉農さんから、部屋を壊して通路にするから引っ越してくれと頼まれて現在の住戸に移り住むことになったのでした。もちろん引っ越しの後、はじめに住んでいた住戸はすっかり壊されて通路になり、いまでも車や人が行き来しています。

その通路の東側にお住まいのBさんはいままでに何度もマンション内引っ越しをしています。最初は1階から2階へ引っ越し、その部屋からさらに、同じ2階にあって現在住んでいる住戸の一部に引っ越します。

住戸の一部って？　なにも部屋の片隅に住んでいたわけではありません。現在暮らしている住戸は、かつて二つの住戸に分かれていました。Bさんは、その片方に引っ越したのです。ここにいたる二度の引っ越しの理由もマンション工事の都合だったのですが、隣の住戸との壁を破って一つの住戸にする合体工事をおこなうために三度目のマンション内引っ越しを余儀なくされます。

前頁に出てくる、Aさんの住戸をぶっ壊してできた通路（右）。
正面の住戸は、なんと車が曲がりやすいようにコーナーが削り取られている！

ずいぶん振り回されたわりには、お二人とも引っ越したことで生活が大きく変わったという実感はないそうです。これらの強制的なマンション内引っ越しは入居者の都合とまったく無関係で無茶苦茶なようですが、引っ越した本人が大して意に介していないようでホっとします。渋々とはいえ、このような協力があったからこそ建物のダイナミックな再構築が続けられてきたのですね。

簡単にステップアップ

自分の意志で引っ越した人の例も見てみましょう。3階に住んでいた

Cさん（現在は退去）は、4階の住戸から引っ越しをしました。もとの住戸は30㎡弱のコンパクトな部屋でしたが、陽当たりのよい50㎡程度の住戸が空いたのを知り、引っ越すことにしました。面積が2倍近くに増えたのに家賃は5000円上がっただけ。住環境のステップアップを考えたら5000円の家賃アップは負担に感じなかったといいます。マンション内引っ越しによって、広さと快適さを手に入れた典型的なケースです。

ほかにも家族が増えたので広い住戸に引っ越したというように、よりよい住戸を見つけての引っ越しというのが基本にあります。

例外的には、家族が減ったので狭くて家賃の手ごろな部屋へ引っ越した人もいます。いずれにしても沢田マンションの中で自分によりフィットする住戸が空けば、身軽に引っ越しをしてしまうのです。

不満も引っ越しで解消

2階にお住まいだったDさん一家（現在は退去）は、はじめ1階の住戸に入居したのに、たったの1週間で別の住居への引っ越しを決めました。

1階の住戸は地面に近いので虫が出たり、すぐ裏に北側の墓地が見えることを不満に思っていたところ、2階の住戸が空いたので、さっそく沢田さんに転居を申し出ました。引っ越しによって部屋の広さは少し狭くなったものの、不満を大きく解消できました。

内装が古くなって傷みが気になりだしたころに、隣の住戸がリフォームしてきれいになったのを見て、そちらに引っ越してしまった人もいます。

修理の代わりに引っ越し!?

部屋が漏水したので沢田さんに修理を頼みに行ったら、うまく直らないので代わりに引っ越し先の住戸をあっせんされたなんて例もありました。ほかには一度沢田マンションから退去したものの、再び沢田マンションに戻ってくる人もいます。

簡単な手続き、手数料が不要、値上げなし

マンション内引っ越しが頻発する理由を沢田マンションの運営方針から探ると、大

家がよい意味でいい加減なので契約は簡単、礼金・更新料などが不要というのが大きな要因です。また家賃がずいぶんと感覚的に設定されているので、うまく掘り出し部屋を見つければ割安感を味わえます。ふつうの賃貸住まいで「試しに住んでみる」なんて不可能ですが、沢田マンションでは、まるで洋服を試着するような気軽さで部屋を選べるのですから、試しに引っ越してみたくもなるというものです。

ちなみに同じ住戸に住み続ける限りは家賃がずっと一定で値上げがないというのも特徴で、古くから住んでいる人のなかには相場よりかなり低い家賃で住んでいる方もいます。

出て行かないのと、出て行けないのと

入居者側の要因もあります。

沢田マンションの中で、いまの自分によりフィットした住戸があればそっちに住みたいというのがマンション内引っ越しの基本原動力です。「フィット」の中身は広さ、家賃、陽当たり、階数、設備や内装の新しさなどなど、人それぞれの趣味や事情によります。

それでも引っ越しの選択肢を沢田マンションだけに限定しているのは、左記のような理由があります。

沢田マンションの建物や人間関係が好きだからというポジティブな理由の人、通勤・通学や買い物などに便利な立地や手ごろな家賃がよいからという人のような「出て行きたくない」ケースと同時に、個々の事情から半ば「出て行けない」ケースもあります。沢田マンションの入居審査は人物本位ですが、一般の賃貸住まいでは本人に非がなくとも入居審査で保証人不在などの理由をつけて入居を断ることがよくありますす。そのような世帯がマンション内の引っ越しで生活の変化に対応できているのだから、わざわざ大変な努力をしてまでよその建物に移り住む必然性がないのです。

「2コ1化」でブレークスルー

けれど、みんなが少しずつよい住戸へのステップアップを求めてマンション内を玉突きのように移り住んでいき、同時に外から入居してくる人もいるのですから、いよいよ「よい住戸」が足りなくなってきます。

この問題をブレークスルーするための荒業として住戸の合体による拡張、「2コ1

化」があります。「2コ1化」は、入居者が減少した時期に考えた「マンション経営改善」でした。従来のコンパクトな間取りが時代にそぐわなくなってきたことを敏感に察知して、部屋を広くすることで需要を喚起しようとしたのです。結果的に新規の入居者が再び増えはじめるとともにマンション内引っ越しのモチベーションも引き上げられました。「より広い部屋に住みたい！」というわけです。

引っ越しと改装のいい関係

マンション内引っ越しは入居者をキープしながら、住戸が空いた機会に順次改装していくことでマンション全体がリフレッシュしていくチャンスも生み出します。入居者と大家の個性が響きあうことで、循環と新陳代謝を続ける空間が存続しているのです。

沢田マンション

04
沢田マンション図面集成

沢田マンション図面集成

●南立面図

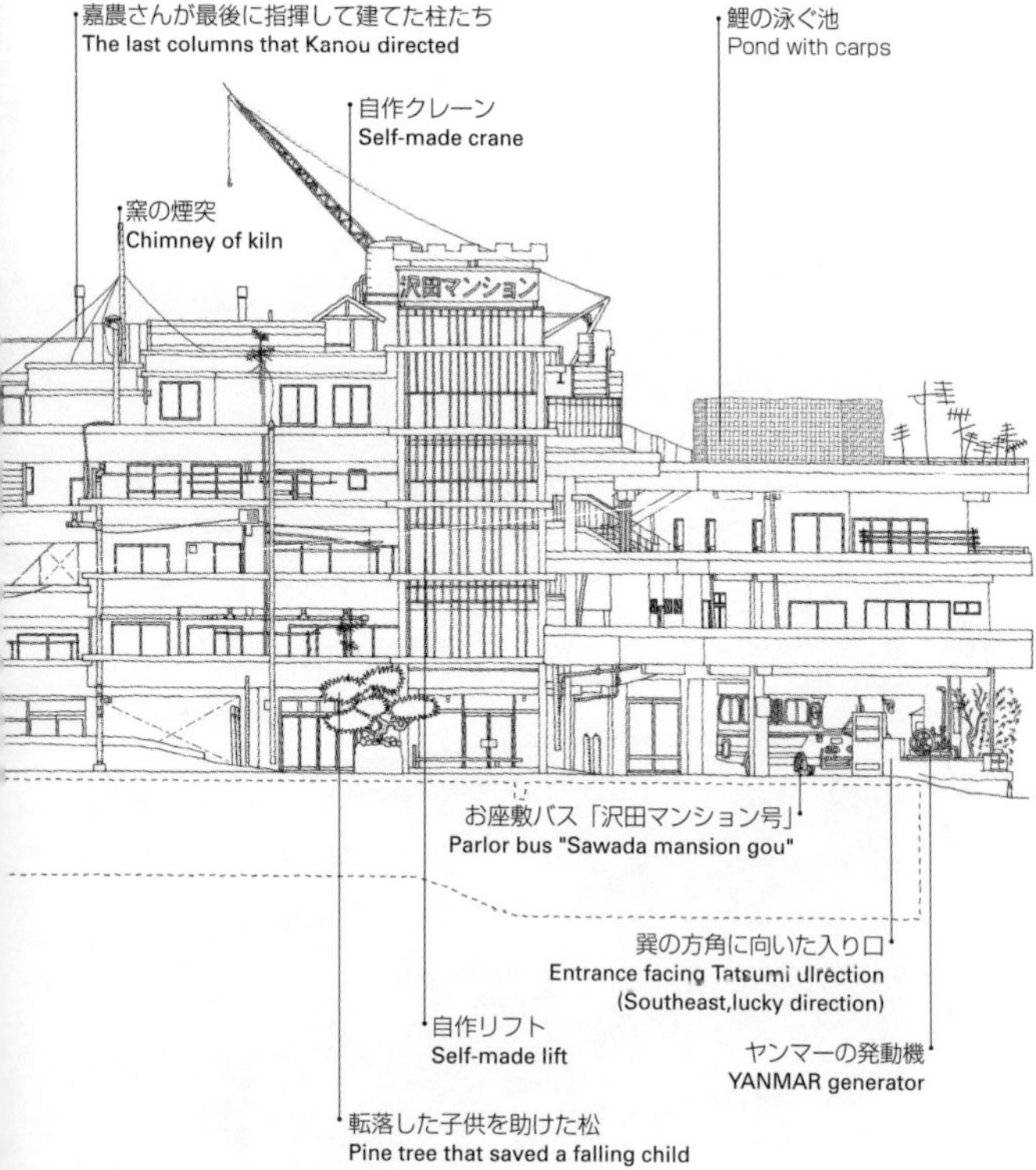

南立面図 South elevation

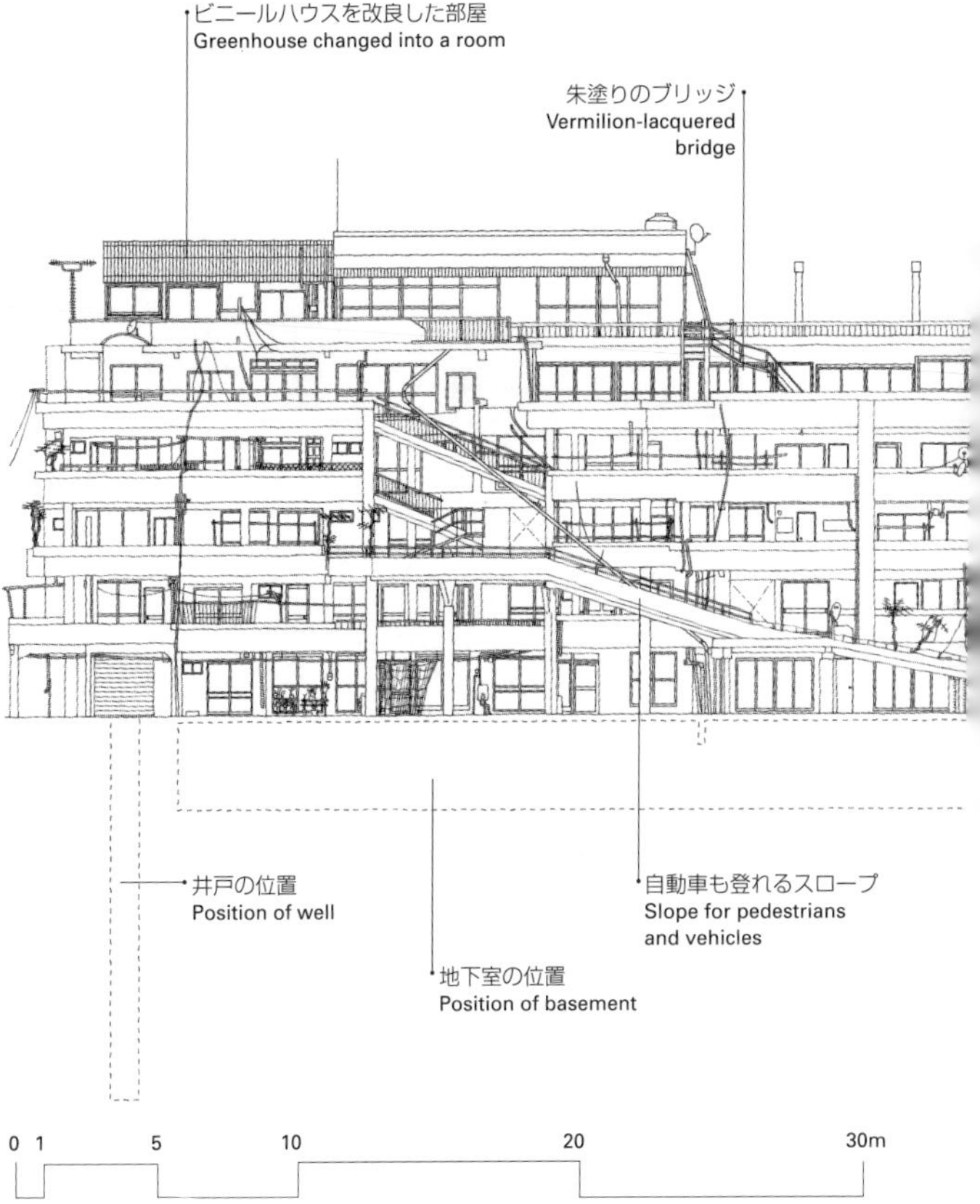
ビニールハウスを改良した部屋
Greenhouse changed into a room
朱塗りのブリッジ
Vermilion-lacquered bridge
井戸の位置
Position of well
自動車も登れるスロープ
Slope for pedestrians and vehicles
地下室の位置
Position of basement
0 1 5 10 20 30m

●1F 平面図

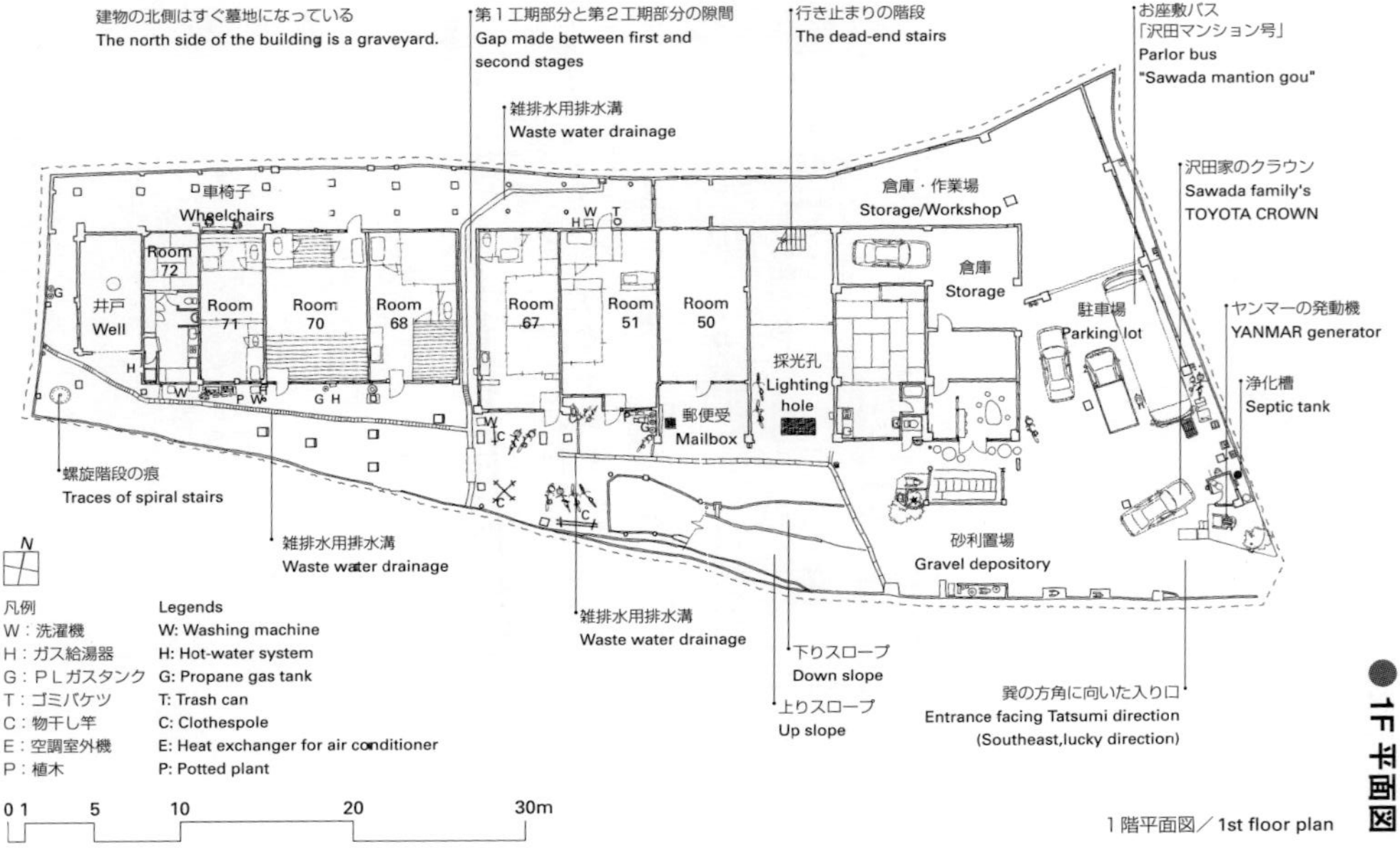
建物の北側はすぐ墓地になっている
The north side of the building is a graveyard.
第１工期部分と第２工期部分の隙間
Gap made between first and second stages
行き止まりの階段
The dead-end stairs
お座敷バス
「沢田マンション号」
Parlor bus
"Sawada mantion gou"
雑排水用排水溝
Waste water drainage
倉庫・作業場
Storage/Workshop
沢田家のクラウン
Sawada family's
TOYOTA CROWN
車椅子
Wheelchairs
Room 72
井戸
Well
Room 71
Room 70
Room 68
Room 67
Room 51
Room 50
採光孔
Lighting hole
倉庫
Storage
駐車場
Parking lot
ヤンマーの発動機
YANMAR generator
浄化槽
Septic tank
郵便受
Mailbox
螺旋階段の痕
Traces of spiral stairs
砂利置場
Gravel depository
雑排水用排水溝
Waste water drainage
雑排水用排水溝
Waste water drainage
下りスロープ
Down slope
上りスロープ
Up slope
巽の方角に向いた入り口
Entrance facing Tatsumi direction
(Southeast,lucky direction)
N
凡例
W：洗濯機
H：ガス給湯器
G：ＰＬガスタンク
T：ゴミバケツ
C：物干し竿
E：空調室外機
P：植木
Legends
W: Washing machine
H: Hot-water system
G: Propane gas tank
T: Trash can
C: Clothespole
E: Heat exchanger for air conditioner
P: Potted plant
0 1 5 10 20 30m

１階平面図／1st floor plan

● 2F 平面図

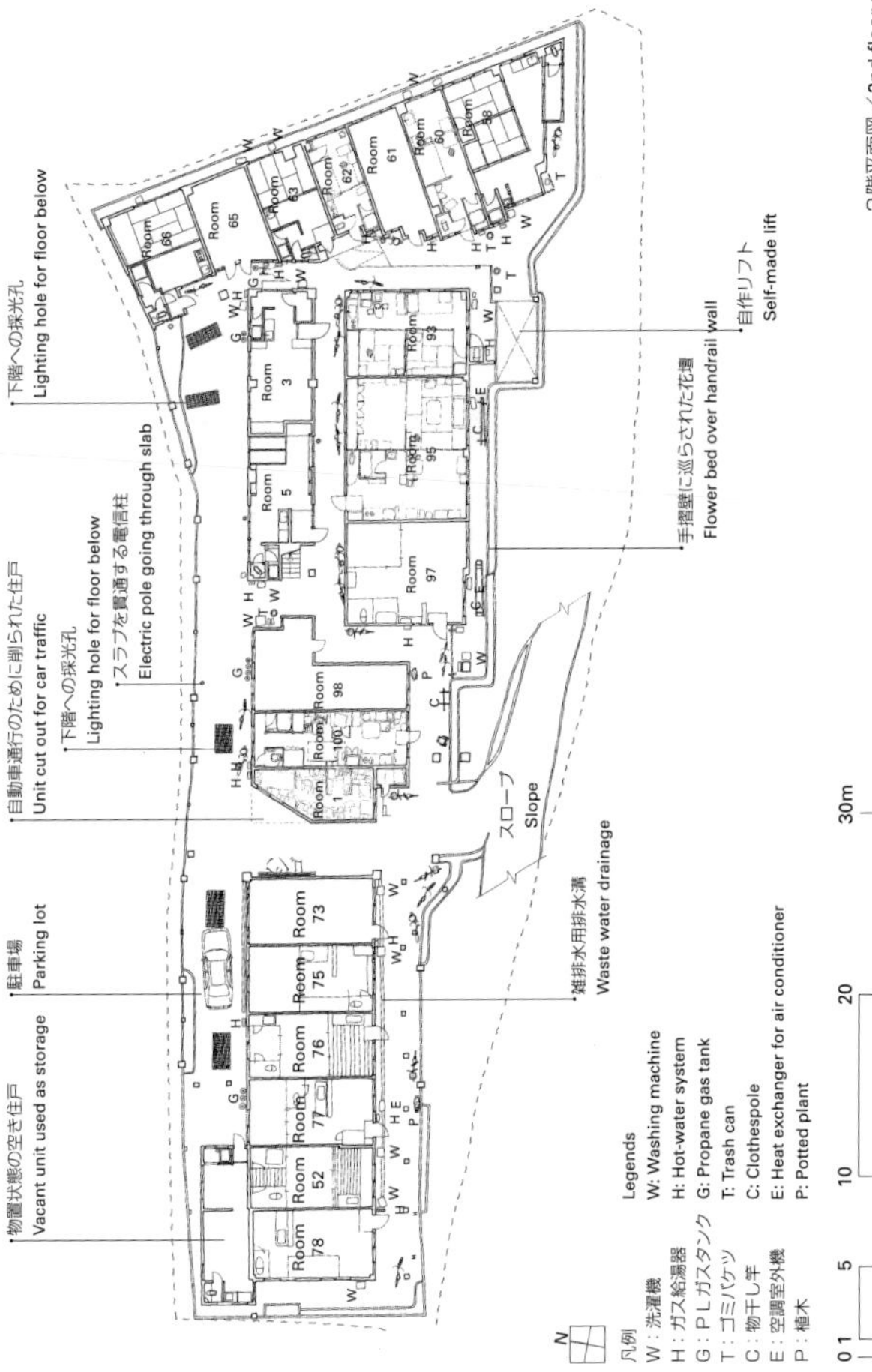
物置状態の空き住戸
Vacant unit used as storage
駐車場
Parking lot
自動車通行のために削られた住戸
Unit cut out for car traffic
下階への採光孔
Lighting hole for floor below
スラブを貫通する電信柱
Electric pole going through slab
下階への採光孔
Lighting hole for floor below
手摺壁に巡らされた花壇
Flower bed over handrail wall
自作リフト
Self-made lift
雑排水用排水溝
Waste water drainage
スロープ
Slope
Room 66
Room 65
Room 63
Room 62
Room 61
Room 60
Room 58
Room 3
Room 5
Room 93
Room 95
Room 97
Room 98
Room 100
Room 1
Room 73
Room 75
Room 76
Room 77
Room 52
Room 78
凡例
W：洗濯機
H：ガス給湯器
G：ＰＬガスタンク
T：ゴミバケツ
C：物干し竿
E：空調室外機
P：植木
Legends
W: Washing machine
H: Hot-water system
G: Propane gas tank
T: Trash can
C: Clothespole
E: Heat exchanger for air conditioner
P: Potted plant
N
0 1 5 10 20 30m

2階平面図／2nd floor plan

3F 平面図

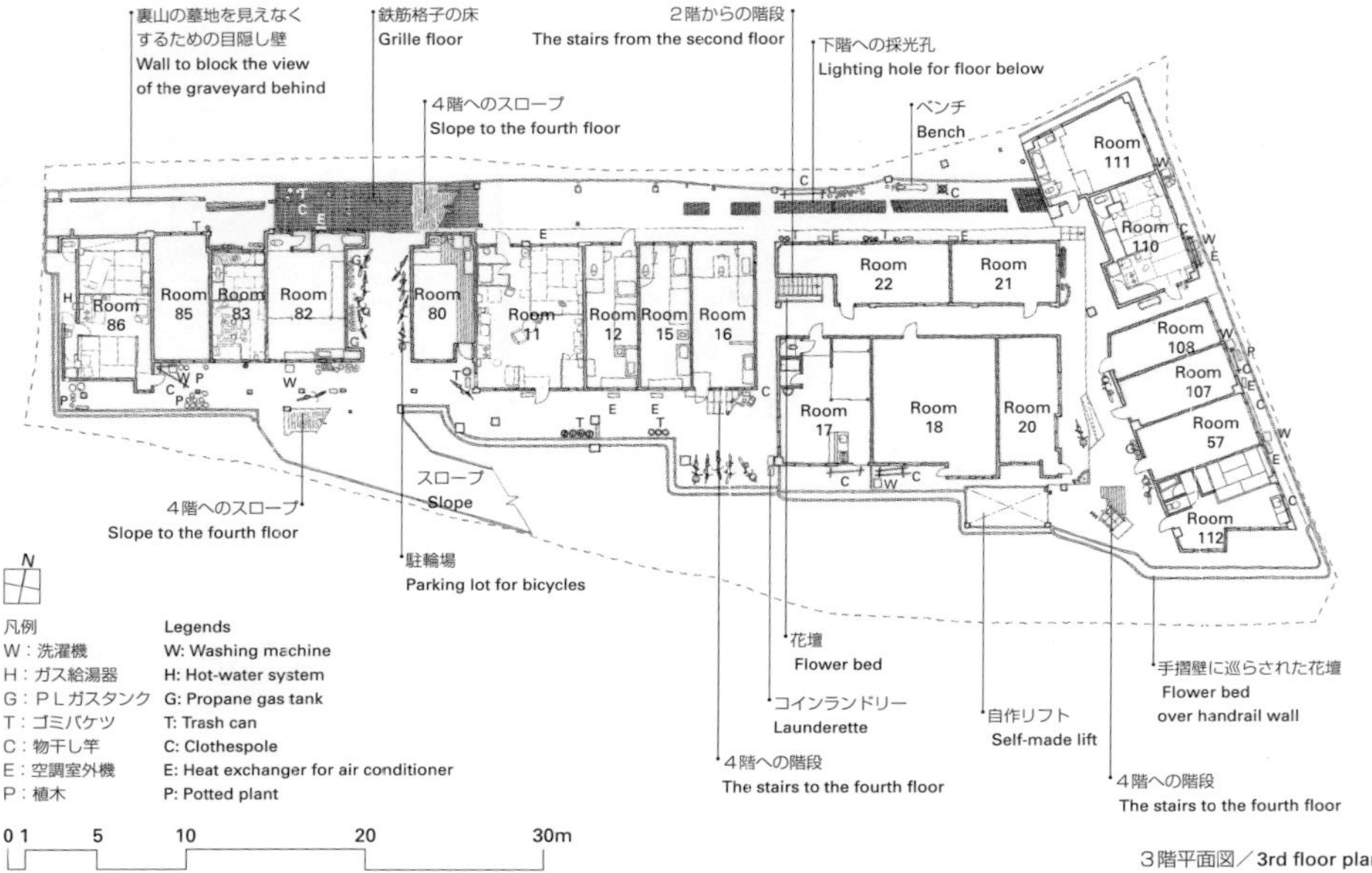

3階平面図／3rd floor plan

● 4F 平面図

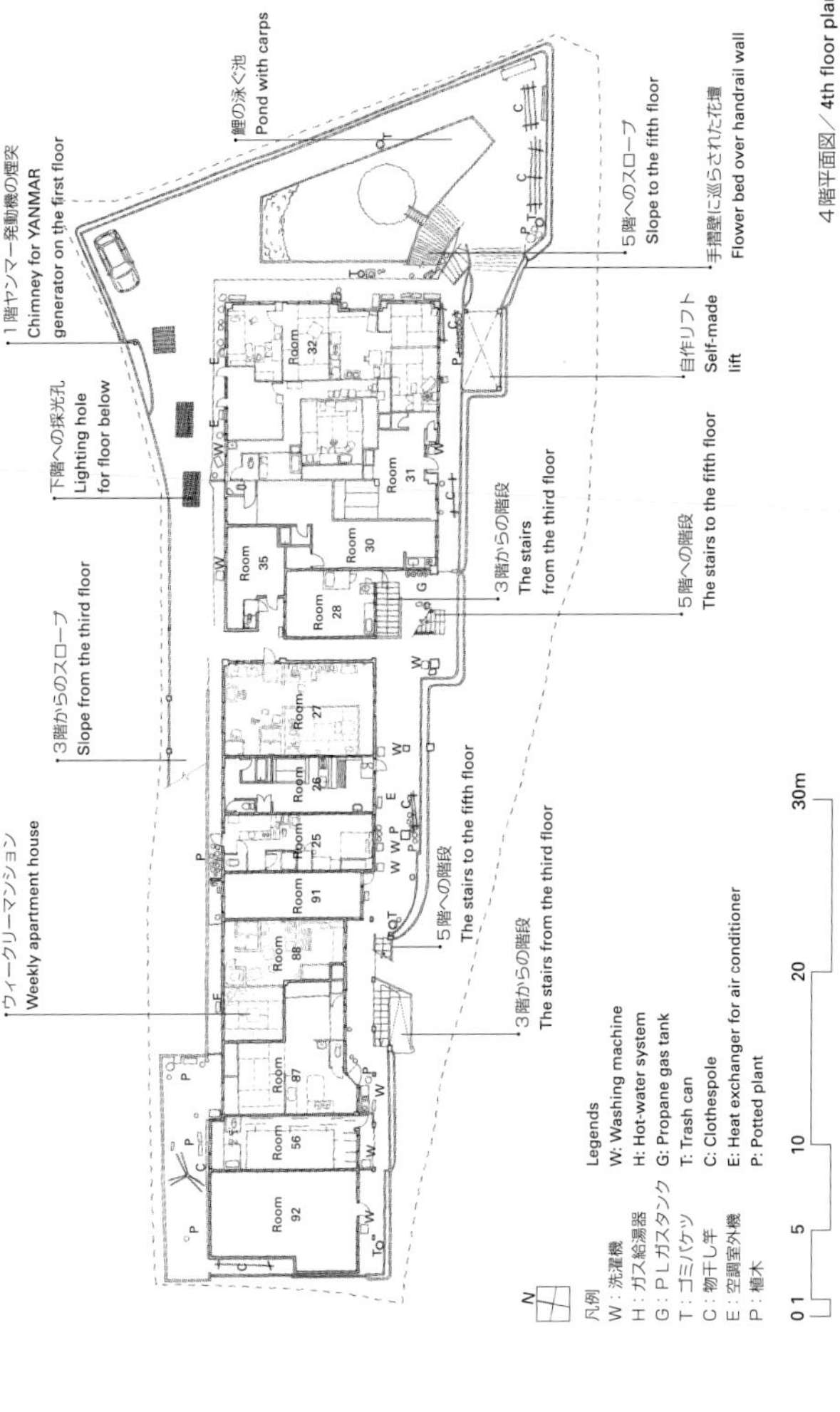

4階平面図／4th floor plan

5F 平面図

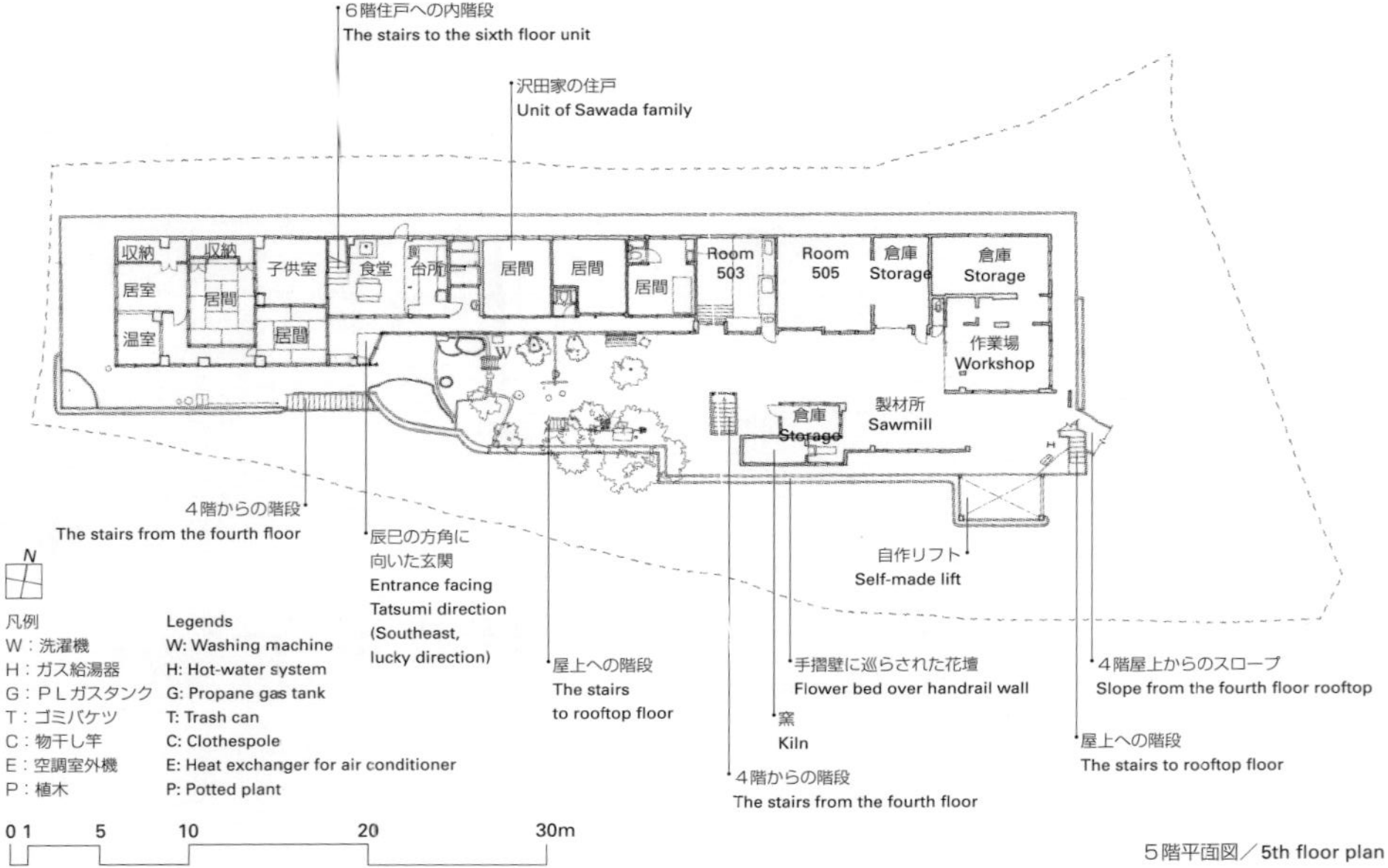

5階平面図／5th floor plan

6F 平面図

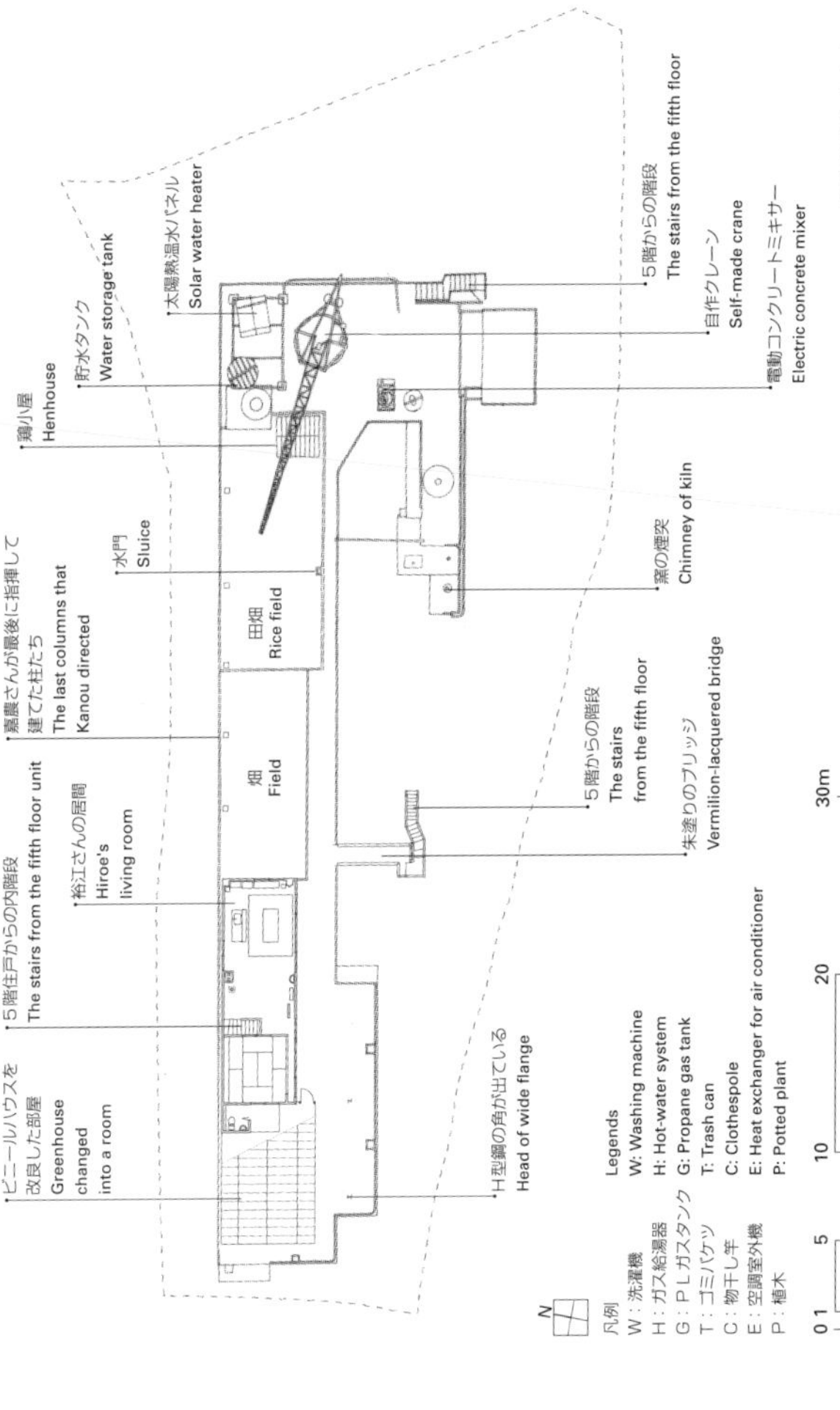

6階平面図／6th floor plan

地階平面図

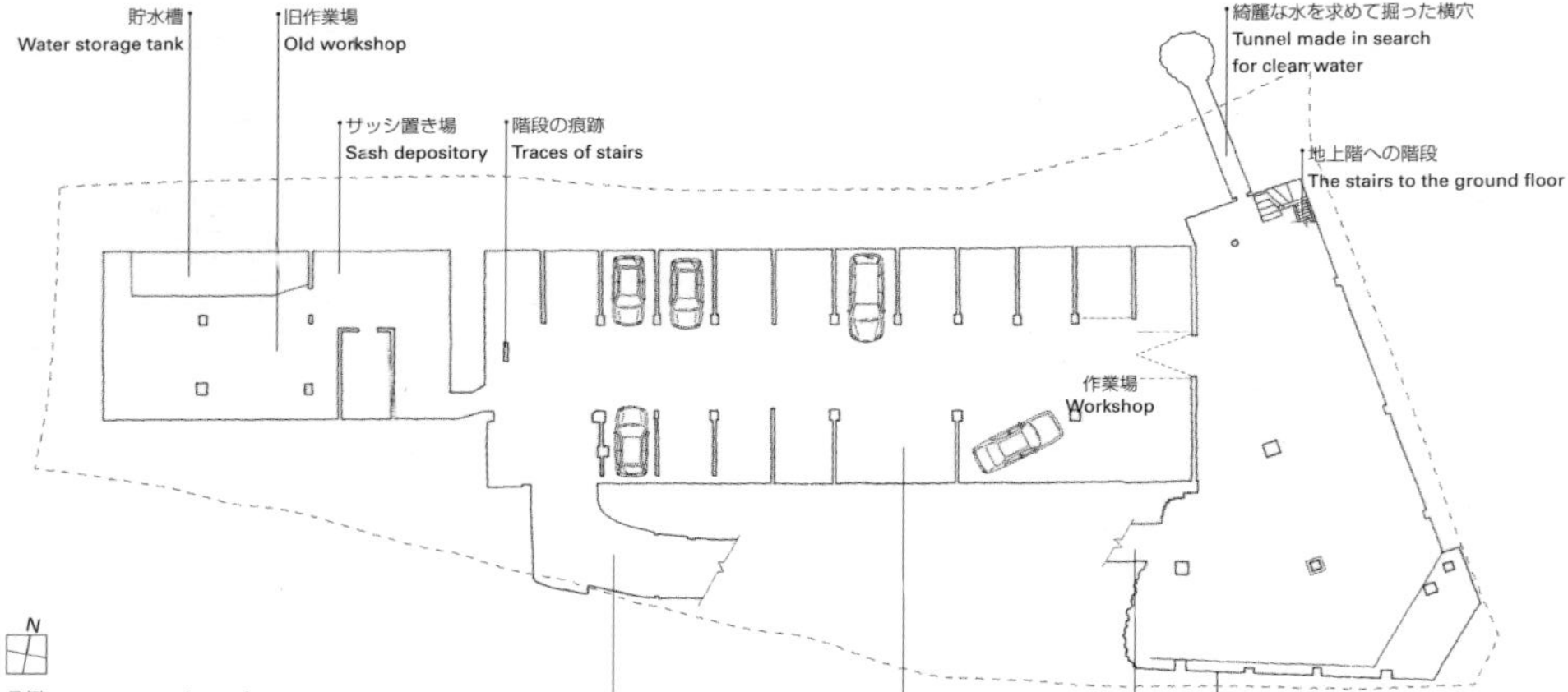

凡例	Legends
W：洗濯機	W: Washing machine
H：ガス給湯器	H: Hot-water system
G：ＰＬガスタンク	G: Propane gas tank
T：ゴミバケツ	T: Trash can
C：物干し竿	C: Clothespole
E：空調室外機	E: Heat exchanger for air conditioner
P：植木	P: Potted plant

0 1 5 10 20 30m

地階平面図／Basement floor plan

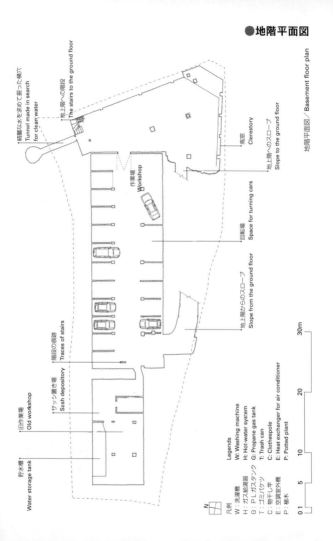

●沢田マンションの間取りいろいろ

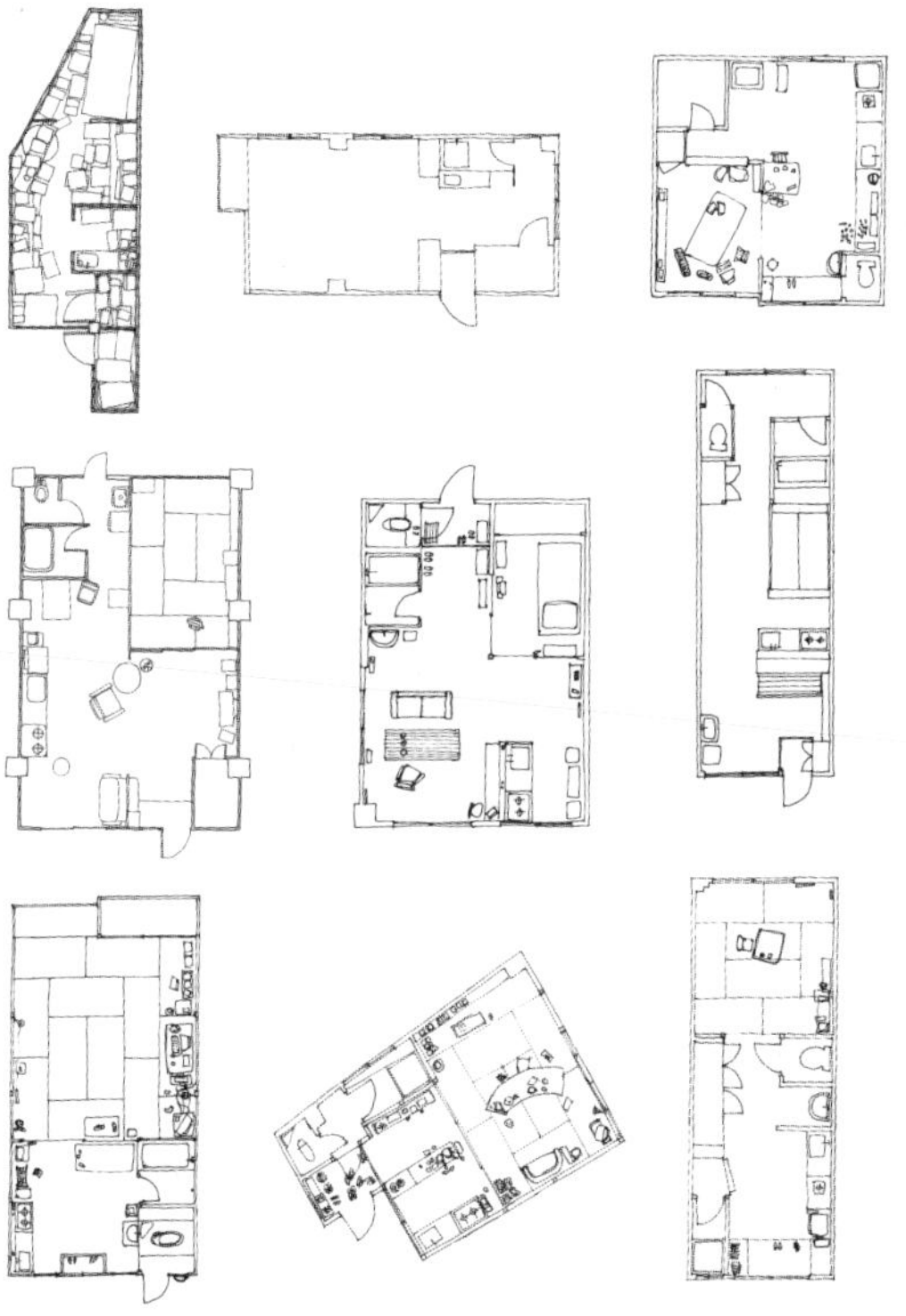

住戸間取図／Unit plans

＊沢田マンションにはひとつとして同じ間取りの部屋がありません。広さも住戸によって異なっています。古くなった住戸内部はマンション経営上の、あるいは家相的な必要によってたびたび改装され、確定した間取り自体は大した意味を持ちません。ときには住戸の境界すら改造されてきました。ここでは著者とその仲間が実測できた31戸の平面図を、内部に置いてあるモノもできるだけ描きこんでまとめてみました。一人暮らしの高齢者からサラリーマン、雑誌編集者、6人家族など、マンション内のさまざまな暮らしぶりが詰まっています。

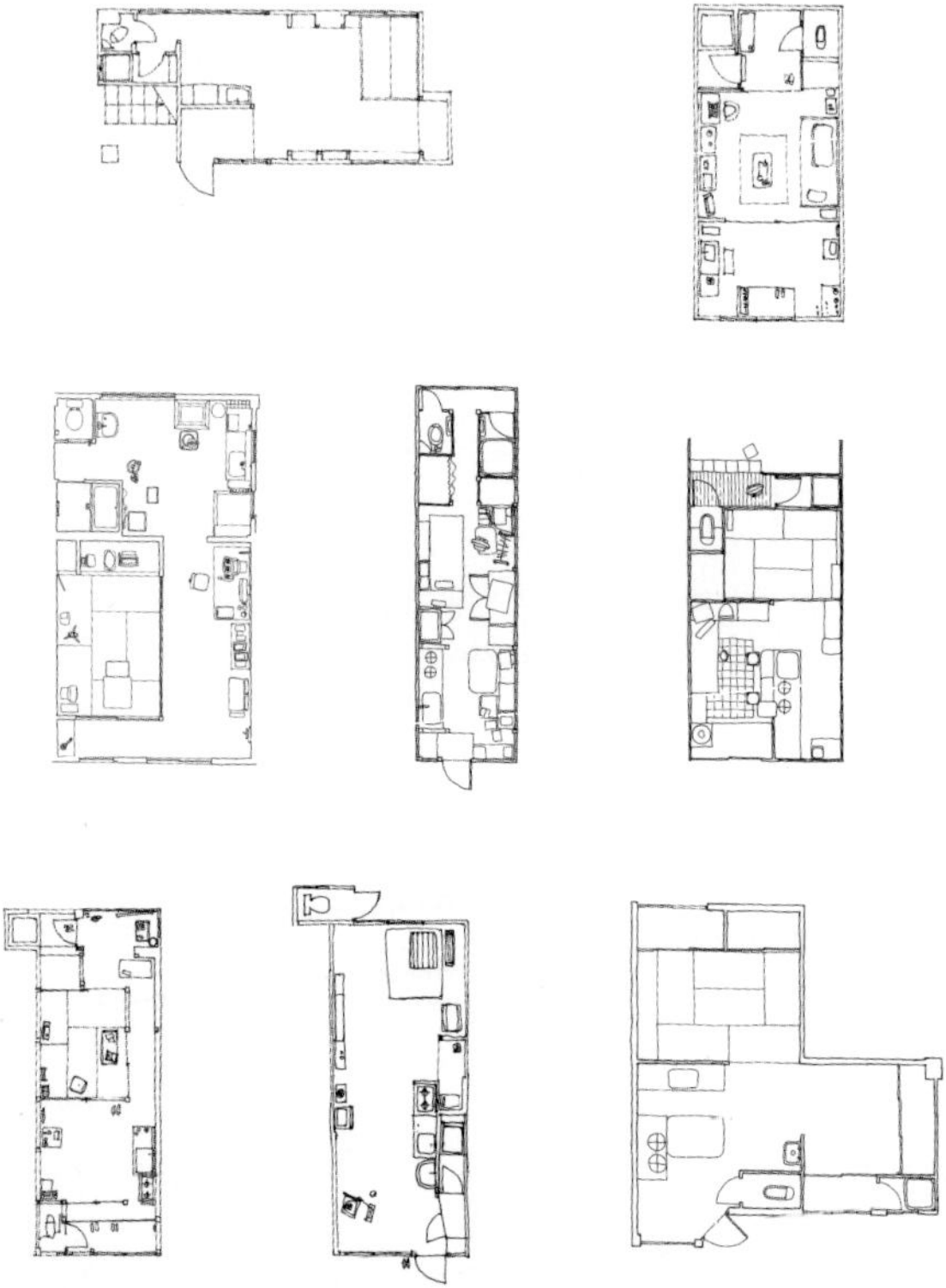

住戸間取図／ Unit plans

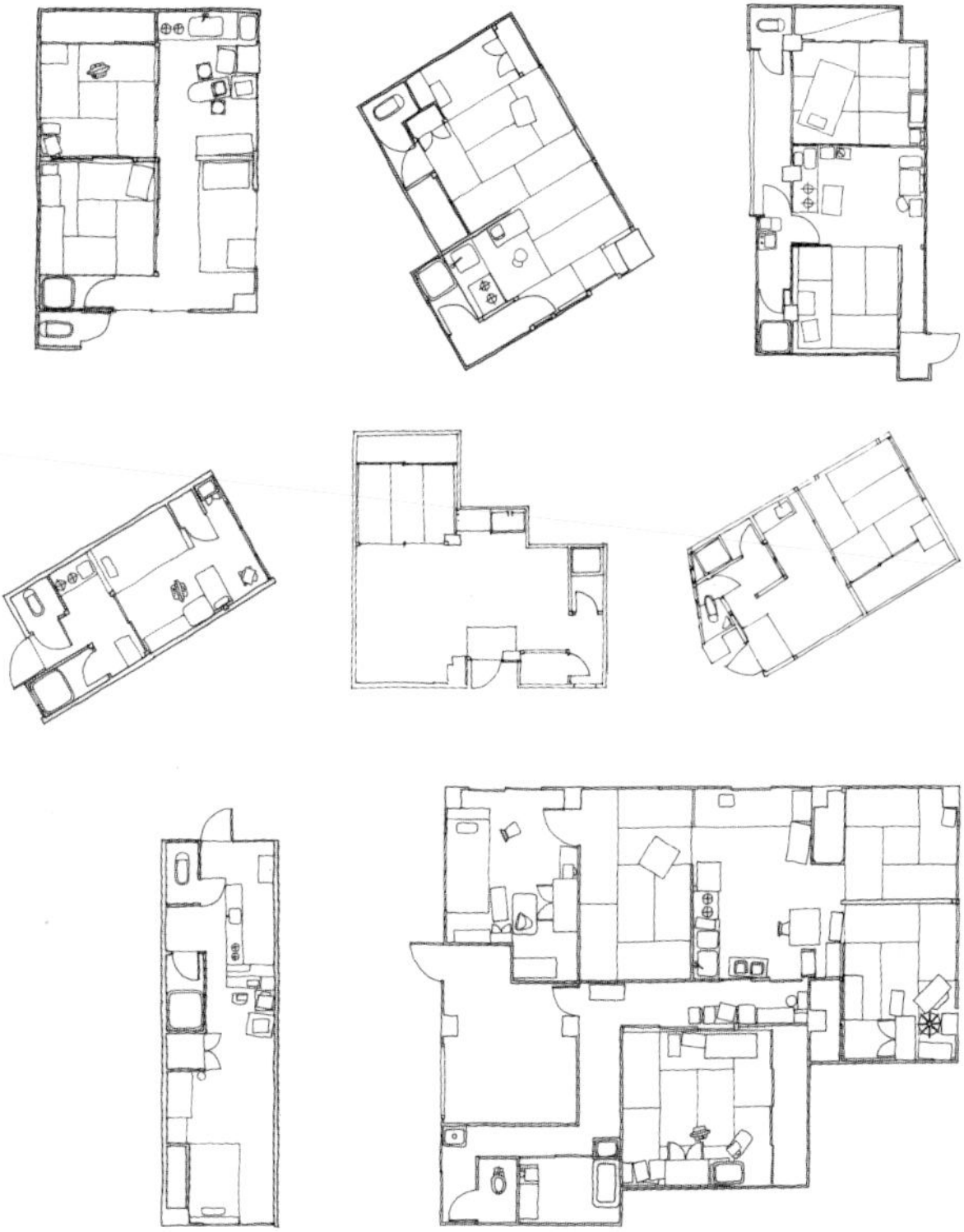

住戸間取図／ Unit plans

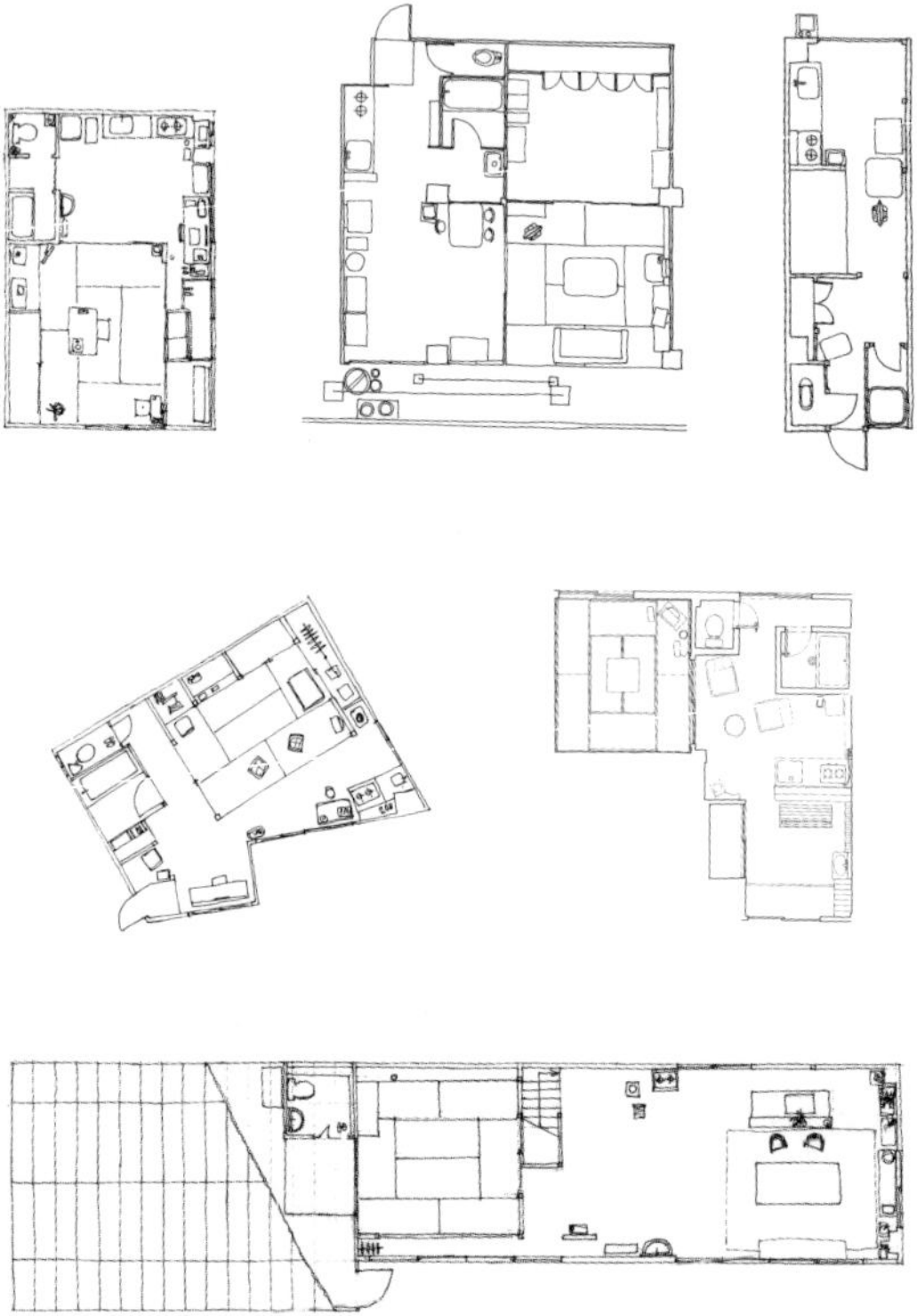

住戸間取図／ Unit plans

単行本あとがき

沢田マンションの存在をはじめて知ったのは2001年の春でした。屋上に田んぼがあり、スロープを車で屋上まであがれるというマンションを当時芝浦工業大学の学生だった神谷英子さんが卒業論文調査の一環として訪れることになり、共同調査と称して夏の高知に同行したのが私と沢田マンションとの出会いでした。

現状の記録だけでも意味があるだろうと軽い気持ちで実測平面図を採集し、秋に立面を測るために再訪。翌年は大学の後輩とともに沢田マンション調査隊として調査をおこないました。

それらの成果を、学術論文の形式的ルールから逸脱していると確信しつつ修士論文にまとめ、無事に大学院を修了できたときには本当にホッとしたものです。

破天荒な建築物ですから、記録すること自体の意義は確信していました。一方で、わかりやすいこと、明解であることが仕事や表現活動等あらゆる場面で重視されるなか、なんらコンセプトも出口戦略も見えないまま、得体の知れない建物の調査へ突っ走ることに一抹の不安はありました。途中からはむしろ走り抜けることが目的化していた部分すらあります。ほんとうに無謀でした（苦笑）。

けれどわかりにくく乱雑で、摑みどころのない沢田マンションに向き合う姿勢としては、そんな無謀さが案外よかったかもしれません。止むにやまれぬ好奇心で丸ごと理解しようとしなければ、沢田マンションという建物は胸襟を開いてくれなかっただろうという気がします。

そうこうするうちに、好奇心は愛着に変わり、行くたびに微妙にどこかが変わっている沢田マンションを訪れることがほぼ年中行事となりました。いまや高知には第二の故郷としての親しみを抱いています。

そんな、勢いのみで書いた論文をベースにして、本にしようと声をかけてくれた編集者の稲葉将樹さんには、私の遅筆と本業との兼ね合いで進まぬ原稿の方向性をきちんとコントロールして本としてまとめあげていく技と、尽きることない好奇心の幅に編集という仕事の面白さを垣間見させてもらいました。

調査に際しては、二日酔いの隊長を支えてくれた沢田マンション調査隊隊員、詳細な立面図を手伝ってくれた鳥山暁子さん、毎度居候させていただいている堀家のみなさんをはじめ多くの方々に助けてもらいました。変わり種の論文にもかかわらず初見学先生には根気よく面倒を見ていただき、2004年に沢田マンションに住みこみ調査を敢行した要陽子さんからは多くの資料を提供してもらいました。語学力ゼロの私に代わって図面集成キャプション、単行本の書名および章タイトルの英文チェックをしてくれた小嶋隆宏先生、福田美穂さんには英訳の綾を織りこんでもらっています。

また嘉山貴洋さんによる美しい写真と、本と猫をこよなく愛する小熊千佳子さんの細やかなブックデザインなしに本書（単行本）はあり得ませんでした。

なにより、調査と出版を快諾してくれた沢田家のみなさん、ご協力いただいた沢田マンション住人、元住人の方々のおかげで刊行にこぎ着けることができました。ここで書けなかった方々も含め、本書に関わるすべての人に感謝します。

そして、この本を手に取ってくれたあなたに、ありがとうございます。

2007年9月

加賀谷哲朗

文庫版あとがき

本書単行本が2007年に出版されてからおよそ7年がたちました。マニアックな本をどなたが買ってくれるのかとハラハラでしたが初版はほぼ売り切れ、本稿執筆時点でインターネット書店Amazonでは初版本中古を定価より高く値付けしていただき光栄至極です。

出版後には意外とお堅いところからも反響があり、何度か住宅関係の企業や集合住宅の研究団体などで専門家の方々をまえにお話をする機会もいただきました。ひと通り話したのち質疑になると、専門家のみなさんは人前でこのマンションを面白いなどといってしまっていいのか、あるいは社会倫理的にけしからん！　といわなきゃいかんのか逡巡する表情をされます。意を決して控えめに「考えるべき点があって興味深かった」とおっしゃる方がいる一方で、法律のことや構造のことを厳しく突っ込む方もいて、なんともいえない空気になるというのがよくある情景でした。私自身、建築設計者の端くれですからその逡巡や責任感は身に染みてわかります。

興味をもつこと自体が問題を肯定したり助長することになるわけではありませんが、平日の昼ひなかに手放しで面白がりにくい背景があることも確かでしょう。

だから、というわけではありませんが通勤電車や休日の昼下がり、静かな夜などにひとりで飲み物片手に読めるよう、このたび筑摩書房から文庫本にしていただきました。この本を手に取ってくださった老若男女の皆さんが沢マンの個性に触れて何かの力やきっかけを摑んでいただければこれに代わる喜びはありません。

そして、せっかくですからこの数年間に沢田マンションがどのような月日を過ごしてきたのかをもう少し覗いてみましょう。

建物と入居者の変貌

建物やそこでの生活はどのように変化してきたでしょうか。

敷地に足を踏み入れるとすぐにわかるのが東側ピロティに増築された小スペースです。WEB製作の事務所が入っており、こちらで沢田マンションの公式ホームページを作成しています。その真下にあたる東側地下室には畳を敷き詰めた40畳ほどの合気道道場が出来ました。敷地入り口正面にある地上リフトの柱には「さわまん合気道教室」の手書き看板が掛かっていて雰囲気も十分。教室はいまお休み中ですが、開講中はこどもたちが礼節を学びながら汗を流していました。敷地入り口脇のフェンスには、雑貨やアクセサリー店とともにギャラリーやイタリアンのカフェレストランなどの看

ピロティに駐車場１台分くらいを壁で囲った小スペースが出現した

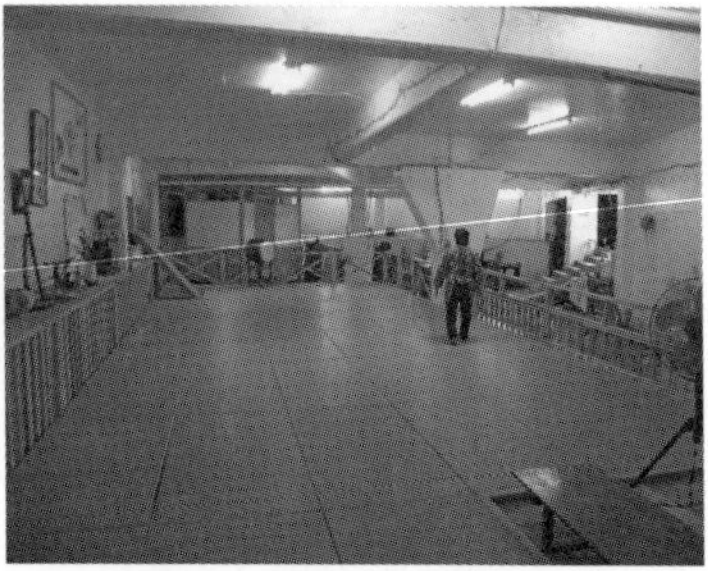

以前は暗く廃墟のような地下空間だったがあかるい照明と畳で道場に大変身

敷地入り口には愛想よくゲストを迎える看板たちがならんでいる

一度ふさがれたのに近年ふたたび陽の目をみた階段。１階へと降りるあらたなルートが開かれた

板が並んでいます。雑貨・アクセサリーの店は上階で静かにオープンしていますが、一階に位置するギャラリー「沢田マンションギャラリー room 38」やカフェレストランにはマンション内外の人たちが自由に出入りして、以前に比べると外に開かれた雰囲気をつくり出しています。

　入居者が多様化した以外にもはっきり目にみえる変化があります。かつて2階にのぼっていた階段をふさいで上階の貸室面積を増やしたため階段としての機能を失い、赤瀬川原平氏がいうところのトマソンと見紛う状態だった元階段がありました。ところがこれが束の間の眠りから目覚め再び有用な階段として復活しているのです。

　階段の再開通はどうしておこなわれたのでしょう。この背景には単なる運営上の思い付きというよりも、覇者なきあとの構造変化が垣間見えます。沢田マンション創始者にして規模を拡張しつづけた初代皇帝ともいうべき嘉農さんは、自らの夢の実現に向けて家族総出でマンション建設・改装や管理維持をすすめる体制を築きました。それは沢田嘉農さんという強烈な個性と時代背景があってこそ成り立つものでした。嘉農さんが亡くなったのちは、誰か一人の夢を実現するために独断で押し通すことはできなくなります。その後のマンション内での小火《ぼや》や東日本大震災後の危機意識も加わり、沢マン運営の原動力は夢想の未来に向かって突き進む夢実現型から脱却して入居

祭りのフライヤー。紙モノのデザインや紙質などがやけにハイクオリティ

sawaman
gallery
room38

上／沢マンギャラリーロゴ
右／ギャラリー入り口
下／内観。2014年11月7～9日にはここで奈良美智さんのドローイングを展示

者の安全確保や安定的な運営優先へと舵を切ったのです。

そのような流れの中で、2階から地上へ降りられるルートが南側のスロープただひとつであることに思い至った裕江さんは災害時に2方向の避難ルートを確保するために2階5号室の一部をぶっ壊して昔の階段を再開通したのでした。

近年の沢マン祭りや展覧会

住人による活動もあいかわらず活況です。

「沢マンEXPO2006」以後も若手住人主催の祭りが不定期に開かれています。2008年11月に開催された祭り「沢田マンション豊年祭」では地下ライブや写真展なども交えて1300人近くを集め、2011年8月開催の「SAWA SONIC 2011」ではなんと巨大なゼリーをのせた神輿《みこし》が練り歩きました。

また、これらを含む住人の日常生活や活動は芦屋市立美術博物館で2013年秋におこなわれた展覧会「アートピクニック vol.3 マイホーム　ユアホーム」で取り上げられ、木村伊兵衛写真賞受賞作家の浅田政志氏ら複数の作家が出展するなかに作家名「沢田マンション」として住人や関係者が作成・提供した膨大で雑多な資料を展開して沢田マンションの生活感を再現しました。

沢田マンションギャラリー room 38

展覧会の話もいきなり降ってわいたのではありません。表現する場としてのギャラリーが沢田マンション内に常設され、発信や交流の窓口として活動していたからこその実現でした。

リフトのふもと、松の裏にある38号室は２００９年の晩秋から沢田マンションギャラリー room 38として開放されました。メイン展示室は壁と天井を白く塗った４・５ｍ角ほどのスペースで天井からは沢マンらしく排水管が顔をのぞかせます。この住戸にもともと住んでいたアマチュア写真作家の岡本明才さんらが中心となって沢マン住人を含む仲間とセルフ改装を続けながら精力的な展示活動を進めてきました。岡本さんはもともと沢マン祭りの企画や、住人有志による訪問者への「沢マンツアー」などで中心となってきたこともあり、裕江さんの理解を得ながらギャラリーの運営をおこなっています。

写真が好きだった岡本さんは、あるときピンホールカメラの魅力に目覚めました。最初は段ボールで作ったピンホールカメラの像をデジカメで撮影していたのですが、じきにそれでは物足りなくなり、住んでいた38号室そのものをピンホールカメラに仕立て上げ周囲の風景を写し込み、あるいは巨大ピンホールカメラをつくってトラックの荷台に積みこみ高知各所を縦横無尽にロケーション撮影に出かけます。あげくには自宅をギャラリーにして、2013年にはニューヨークで個展を開くまでになりました。

好きなことをいかに楽しむかを追求している岡本さんや、その仲間の集うギャラリーが沢田マンションに生まれたことは、あたかも必然のようにしっくりくるのです。

沢田マンション祭り2014「沢田トロリンナーレ」

前回の沢マン祭りから3年が経った2014年11月9日、時折小雨のぱらつくなか「沢田マンション祭り2014　沢田トロリンナーレ」が開催されました。マンションの共用廊下に出店やインスタレーションが連なり、立体的に広がる会場内を多くのゲストが巡り歩きます。
沢田マンションギャラリー room 38 で祭りの2日前から開催していて、第64回高知県芸術祭の高知アートプロジェクト参加行事でもある「3日間の奈良美智・ドローイングショウ」は世界で活躍する美術家の作品を間近に見られると順番待ちの大行列！　封筒や段ボールに描かれた、柔らかく尖った少女像を地元のおばちゃんや海外のアートファンまでが入り交じって楽しんでいたのが素敵です。展示室には防犯装置がないので、会期中はギャラリースタッフが夜も泊まり込みで作品を守りました。

リフトをステージとしたライブやパフォーマンスに人だかりの山ができ、夕方に突如闖入してきたゼリー御輿《みこし》が巨大ゼリーをぶちまけ、リフトの上から餅やお菓子が撒かれて客の盛り上がりが最高潮になったところでフィナーレを迎えました。

沢田マンションに縁のある美術家といえば、日本を代表する影絵作家である藤城清治さんも2010年に沢田マンションを画題として作品を制作しています。緻密に描写された建物の上で楽器をかき鳴らす色とりどりの妖精とたくさんの発動機。本書のカバーに使わせていただいた「走れ　沢田マンション」という作品は、沢マンをまえにした者が感じる不思議な生命力を美しく昇華していて画家の観察力や洞察力にただ驚くばかりです。

芸術家をはじめ多くの人々にインスピレーションを与え続ける沢田マンション。どうにも一筋縄ではいかない曲者ですが、これからも注目をしていきたいと思います。

さいごに、単行本のときに編集をしてくださり、再びわたしにチャンスをくださった稲葉将樹さん、たくさんの写真レイアウトをしていただいた倉地亜紀子さん、そして、筑摩書房の井口かおりさんにあつく感謝申し上げます。

２０１４年11月吉日　　　　　　　　加賀谷哲朗

出典・参考文献

写真提供

嘉山貴洋＋要陽子＋沢田マンション調査隊

41頁　ワッツタワー：©横山望海、ジャパンデザインネット http://www.japandesign.ne.jp
125頁　アクロス福岡：エイエフビル管理株式会社
125頁　NEXT21：大阪ガス株式会社
127頁　清音閣：内野建設株式会社
127頁　なんばパークス：株式会社大林組
229頁　シンガポールの洗濯物：アジア光俊
229頁　上海の洗濯物：黒田京子
243頁　東雲キャナルコートCODAN：独立行政法人都市再生機構

出典

33頁　浴室：ザ・ワイド（日本テレビ）1994年7月21日放送分
41頁　シュミッツ・ハウス：*American schelter: An Illustrated Encyclopedia of the American Home.* Lester Walker（Overlook Press, 1998）
41頁　シュヴァルの理想宮：*Le Palais Idéal du facteur Cheval.* Jean-Pierre Jouve, Claude Pré vost, Clovis Pré vost（Éditions du Moniteur, 1981）
43頁　ボトル・ヴィレッジ：http://users.adelphia.net/~echomatic/bv/index.html
43頁　帝冠様式：『建築の東京』石原憲治編（都市美協会、一九三五）

85頁　パリ万国博物会のドイツ館：*Paris 1937, cinquintenaire de l'Exposition internationale des arts et des techniques dans la vie moderne.* Bertrand Lemoine éd（Institut Français d'Architecture, Paris, 1987）

85頁　ドイツ美術館：*Das Bauen im neuen Reich*（Gauverlag Bayerische Ostmark, Bayreuth, 1939）

85頁　光のドーム：*Architektur: Arbeiten 1933-1942. Albert Speer*（Propylän, Berlin, 1995）

87頁　パラッツオ・キジ＝オデスカルキ：Alinari, Firenze

１０３頁　ギリシャの角出し住宅：『世界の住文化図鑑』ポール・オリバー（東洋書林、２００４）

１１５、１２２、１６１頁　『ＲＯＡＤＳＩＤＥ　ＪＡＰＡＮ珍日本紀行　西日本編』都築響一（ちくま文庫、２０００）

１１１頁　Atelier Kempe Thill architects and planners案：『青森市北国型集合住宅国際設計競技応募作品集』（青森市、２００２）

１５０頁　エイリアンの頭部：『ギーガーズ・エイリアン』Ｈ・Ｒ・ギーガー（トレヴィル、１９９２）

１５０頁　サヴォワ邸：*L'Architecture Vivante*（Da Capo Press, New York, 1975）

１９３頁　ドミノシステムスケッチ：*Le Corbusier et Pierre Jeanneret. oeuvre complète de 1929-1934*（Les Editions d'Architecture Artemis, Zurich, 1964）

参考文献

『図説　近代建築の系譜　日本と西欧の空間表現を読む』大川三雄＋川向正人＋初田亨＋吉田鋼市（彰国社、１９９７）

『西洋建築史図集　三訂版』日本建築学会編（彰国社、１９８１）

『郵便配達夫シュヴァルの理想宮』岡谷公二（河出文庫、２００１）

『夢と魅惑の全体主義』井上章一（文春新書、２００６）

『ＲＯＡＤＳＩＤＥ　ＪＡＰＡＮ珍日本紀行　西日本編』都築響一（ちくま文庫、２０００）

『フンデルトヴァッサー　５枚の皮膚を持った画家王』ピエール・レスタニー（TASCHEN, ２００２）

『建築文化』１９９１年３月号（彰国社）

解説　沢田マンション探訪

初見学

　2001年秋、建物の実測や関係者への聞き取り調査を始めていた加賀谷君を訪ねて、沢田マンションへ出かけた。当時、加賀谷君は私の研究室の修士課程に在籍しており、修士論文のテーマを沢田マンションと決めて、夏から現地調査をしているところだった。高知駅から車で10分。まずその姿に圧倒された。それまで国内外の集合住宅を調べてきたが、外観を見ただけで、これほど気持ちが高揚したことはめったになかった。

　早速、沢田さん夫妻と加賀谷君に建物を案内してもらった。東西幅およそ50mの6階屋上からは、南に高知市内が一望できる。屋上の西端に沢田さんの義理の息子二人で建設中の穀物乾燥室、東端に手作りクレーンと、毎朝の食卓に卵を供する鶏小屋、中央にもち米を栽培する水田と野菜畑。はじめは屋上の外断熱のために土を載せて畑にしていたが、水を張ったほうが夏涼しいことを実感して半分を水田にしたとのこと。

屋上緑化の先取りだった。水は敷地内の手掘り井戸から汲み上げた地下水を利用。

続いて1階下りて5階へ。5階は沢田さん家族3世代の住まいで、広さは約60坪。南側に屋上と同じく土を入れた前庭。庭にはいろいろな果樹が植えてあり、孫のために作った遊具の間を、犬や猫が歩き回っている。東側には製材所兼木工場。沢田さんが所有する山から伐りだしてきた木を製材して、マンション内で使う建材や家具を作っている。住宅の建売を始めるまで、製材は若い頃の沢田さんの仕事だった。

さらに階段を下りて4階へ。東側に子どもや孫の水遊びのための池。池を釣り堀にしていたこともある。池の上をネットで覆い、野鳥を放し飼いにしている。1階から4階まで賃貸住宅約60戸と中長期宿泊できる部屋が並んでいる。各居住者の部屋へは、バルコニーを兼ねた幅1〜3mの通路や中廊下を通って行く。通路には自転車や洗濯物や植木鉢が溢れ、長屋の路地のよう。バルコニーの先端は幅約20㎝の花壇にしてあり、散水パイプが設置され、色とりどりの花が咲き乱れている。各部屋は間取りや広さが全て異なり、入居者は自分の生活にふさわしい部屋を選ぶことができる。また家族の成長や変化に合わせて、適当な空き部屋へ引っ越す人も多いらしい。建物の構造に支障がないかぎり、申告すれば室内の模様替えは自由。大家と店子の柔軟な関係がここにはある。

建物内に階段もあるが、地上から5階まで斜路が巡っていて、軽自動車くらいなら上がって行ける。この斜路を下りて1階へ。1階には、かつて家族や入居者らと国内を旅して回った48人乗りの大型バスが停めてある。車内の座敷や台所は沢田さん夫妻の手作り。

斜路を下りて地下へ。敷地を選ぶときに、堅い岩盤が地表近くにあることが条件だったとのこと。岩盤まで掘り下げて、その上にじかに建物を建てれば杭を打たずにすむ。こうして地表から岩盤までの間に出来た空間を地下室にした。西側の1期工事の時にできた地下室は貯水槽と倉庫、中央の2期工事部分は28台分の駐車場、東側の3期工事部分には発電機が置いてある。湧き水を求めて掘削した横穴は温度が一定なので食品保存に利用している。

1時間ほど案内してもらい、沢田さんの家の和室でご夫妻に話をうかがった。一番の疑問は、建築の専門教育を受けていない二人に、どうしてこんなに大きな鉄骨鉄筋コンクリート造の建物を、図面も描かずに、二人だけのセルフビルドで造ることができたのか。その答えは、長い間、建売住宅の建設を通して培ってきた経験と勘によるとのことだった。

沢田マンションは、とても理に適った建築で、省エネルギー、資源を無駄にしない循環活用、自給自足など、人々が集まって快適に暮らせる巨大装置のようでもある。機械好きの沢田さんならではの工夫があちこちに散りばめられている。

沢田マンションの集合住宅としての魅力の一つは、地域や居住者に開かれた開放的なつくりにある。同じ建物内に一緒に暮らす人々の生活の気配がそれとなく伝わり、お互いに交流や手助けが必要な時にはそれができる。現在のわが国の集合住宅の多くは、プライバシーを重視しすぎた結果、隣に住む人の様子など窺い知ることもできない。近年の度重なる大災害を経験して、最近ようやく近隣コミュニティの大切さに人々は気づき始めた。コミュニティの形成には、建物のつくりだけでなく、ソフト面での柔軟な管理運営も欠かすことはできないが、ハード面での建物のつくりも大きく影響する。沢田マンションでの緩やかに人と人とがつながる暮らしを楽しめる若い人たちが増えつつある。高齢者や子どもたちを地域で支える社会を目指すなら、日本の集合住宅は、プライバシーとコミュニティが両立できる方向へと発想の転換が必要な時期にさしかかっているのではないだろうか。

（建築計画学・東京理科大学名誉教授）

エッセイ「必ずあんたは作りきるろう」と言われた夜

岡啓輔

沢田マンションの心意気を継ぎ、東京・三田で蟻鱒鳶ル（アリマストンビル）という小さなビルを建てている者です。

家を建てようと小さな土地を買ったものの、何も手がつけられず2年が過ぎようとしていた。どういう方向性を持って自らの建築を作るのか明確なモノが描けず、グズグズとしていたのだ。

そんなとき妻が唐突な感じで「高知のマンションを見に行こう」と。「高知までマンション見物……?」「サワダマンション……????」2002年の9月のことでした。

初沢田マンション。生真面目な一級建築士という側面を持つ僕にとって計画や施工のアラばかりが目立つ。あそこがダメだ、ここもダメだ‼　ダメダメオンパレードである。この建物の何が良いのやらサッパリわからない。

ぶらぶらしてると住人Nさんが現れ丁寧に案内をしてくれた。少年Tくんは部屋に入れてくれ沢田マンションの過去のテレビ映像を見せてくれた。ちょっとはわかった。施主の沢田夫妻はかなり独特で面白く、このマンション作りにもなかなか面白い物語がある、と。

でも、それで建築を良しとするわけにはいかない。ダメなモノはダメだ。早々に見物を終了させ、カツオ料理屋へ。沢田マンションのことなど忘れ、大いに呑んで食べてバッタリと寝た。

ハッ‼!　夜中に目が覚めた。

あぁぁあぁぁ――‼!

「俺は凄いモノを見た‼　生の夢だ‼　ピチピチの生きた夢を見た‼　沢田マンション‼!」妻を叩き起こし大興奮で説明を続けた。

建築史家の鈴木博之先生の講義を思い出していた、ジョン・ラスキンの話だ。「楽しんで作ったモノは美しく、嫌々ながら作ったモノは美しくない」。聞いた時は「そんな馬鹿な……そんな簡単なことなら苦労しないぞ」、そんなことしか思えなかった。

でも「楽しんで作った建築＝沢田マンション」に出会った。ドーッとわかった!! 沢田夫婦の屈託のない明るさが作り出した屈託のない輝きを放つ沢田マンション!! コレだ!!!

僕はついに自らが作るべき建築の方向性をハッキリと知った。

ひと月後、再び沢田マンションを訪れた。

徹底的に見るぞと1週間ほど滞在した。スケッチしたり、寸法測ったり、住人に話を聞いたり、呑んだくれたり……存分に味わった。帰る前日には沢田夫妻に図面を見てもらえる機会にも恵まれた。

「これはエイ、夢がある。人はこげなもんば作らにゃ〜いけん」。僕のヘンテコな図面を見て、首をかしげることもなく真っ直ぐに肯定し褒めてくれた。いくつか心配事を口にすると、

「心配するによばん、必ずあんたは作りきるろう」と嘉農さん。

うれしくて僕はその夜火を吹いた。

「今後、沢田マンションで火事など起こりませんよう、今夜ワタシが全ての悪い火を燃やし尽くしましょう!」口上をたれ、松明《たいまつ》をグルグル回しながら、口からバーバー

と火を吹いて踊った。

僕にとって建築を作ることの困難さはいつの間にか恐怖にまで拡大していた。言い訳して逃げようとしていた。沢田夫妻に、沢田マンションに、背中を押してもらって踏み出せた。間違いなかった。これからも笑いながら、もがきながら作り続ける。

ワクワクするこの心を信じる。

この本が、沢田マンションのことや、沢田夫妻のことに多くの人がふれるきっかけになるといいと思う
（セルフビルドビル「蟻鱒鳶《ありますとんび》ル」建築家）

帯文

「土佐の高知に建っちゅう沢マンは、まっことアナーキーな建物ぜよ！」

奈良美智（美術家）

本書は、二〇〇七年九月、築地書館より刊行された単行本『沢田マンション超一級資料——世界最強のセルフビルド建築探訪』を改題し、加筆したものです。

ちくま文庫

驚嘆《きょうたん》！ セルフビルド建築《けんちく》
沢田《さわだ》マンションの冒険《ぼうけん》

二〇一五年一月十日 第一刷発行
二〇二二年十一月五日 第二刷発行

著者 加賀谷哲朗（かがや・てつろう）
発行者 喜入冬子
発行所 株式会社 筑摩書房
東京都台東区蔵前二―五―三 〒一一一―八七五五
電話番号 〇三―五六八七―二六〇一（代表）
装幀者 安野光雅
印刷所 株式会社精興社
製本所 株式会社積信堂

ISBN978-4-480-43244-5 C0152